Bert Hellinger

Wahrheit
in Bewegung

Hellinger
PUBLICATIONS

Zuerst erschienen bei Herder 2005 in
2. Auflagen.

10 9 8 7 6 5 4 3 2 1
2012 2011 2010 2009

Published by

Sonnleitstr. 37
83404 Bischofswiesen • Germany
Postfach 2120 • 83462 Berchtesgaden
www.hellinger.com

Cover:
   Paper@Screen • Anna W. Moderegger

Satz & Gestaltung:
   Paper@Screen • Anna W. Moderegger
   www.paperscreen.tv

Druck & Bindung:
   Kösel, Altusried - Krugzell

ISBN 978-3-00-027024-6

© Copyright 2009 Bert Hellinger
All rights reserved.

No part of this book may be reproduced
by any process whatsoever without the
written permission of the copyright owner.

Bert Hellinger

Wahrheit in Bewegung

Hellinger
PUBLICATIONS

INHALT

Einsicht aus Handeln

Inhalt 4

Einführung 8

Die Philosophie 12

- Die Praxis 12
- Die Wissenschaft 12
- Die Aufklärung 13
- Der Fortschritt 13
- Die Grenzen 14
- Ausblick 15

Die Seele 16

- Die gemeinsame Seele . . . 16
- Wirkungen der Seele 17
- Konflikte 19
- Einklang 19

Der Geist 20

- Das Bewusstsein 20
- Un-/begrenzter Geist 20
- Konflikte im Geist 21
- Ordnungen 22
- Das Wesentliche 22
- Der Einklang 23

Die Leere 24

- Zustimmen und Lassen . . . 24
- Die Sammlung 24
- Die Wünsche 25
- Das Schöpferische 25
- Die dunkle Nacht 26
- Weisheit im Vollzug 27

Die Andacht 28

- Andacht und Einsicht 28

Der Erkenntnisweg . . . 29

- Der Verzicht 29
- Die Offenheit 29
- Die Schritte 30
- Die Anwendung 30
- Die Wahrheit 31
- Das Familien-Stellen 32
- Die Grenzen 33

Der andere Blick 34

- Du und ich 34
- Ich und du 34
- Die geistige Ebene 35
- Der reine Blick 35
- Verbunden und frei 36

Das Gewissen 37

- Das gute und schlechte Gewissen 37
- Der Gleichgewichtssinn . . . 37
- Mythen 38
- Gewissen und Gruppe 38
- Die Gewissensfurcht 39
- Das unbewusste Gewissen . 39
- Das gleiche Recht auf Zugehörigkeit 40
- Frühere und Spätere 41
- Die Tragik 42
- Auswege 43
- Der Einklang 43
- Die Weiterentwicklung des Gewissens 44
- Das geistige Gewissen 44
- Alles 45

Entlastungen 46

- Die Sorge um uns 46
- Die Sorge um andere 46
- Die Furcht 46
- Die Schuld 47
- Die Sühne 47

- Die Gerechtigkeit 48
- Die Wiedergutmachung . . . 48
- Der Wahn 48

Dienen 48

- Geistige Freiheit 49
- Die Verstrickungen 49

Die Religionen 50

- Die Gottesbilder 50
- Die Offenbarungsreligionen 51
- Die Gottesfamilie 51
- Das religiöse Feld 52
- Der Erkenntnisweg 52
- Die Riten 53
- Die andere Andacht 54

Erkennen mit dem Herzen 55

- Die Achtung 55
- Der Einklang 56
- Die Gotteserkenntnis 57

Die Aufklärung 58

- Der Begriff 58
- Die redliche Aufklärung . . . 58
- Das letzte Tabu 59
- Die Angst 59
- Die Folgen 60
- Die Frage 60
- Die Aussichten 61

Handeln aus Einsicht

Das Helfen 64

- Gegenseitiges Helfen 64
- Verweigertes Helfen 64
- Ordnungen des Helfens . . . 64
- Das Helfen gegen die Ordnungen 65
- Helfen als Beruf 65
- Helfen mit Widerstand 66

Die Achtung 67

- Achtung vor allem, wie es ist . 67
- Achtung vor den Gegensätzen 67
- Die Mitte 68
- Folgen für unser Verhalten . 68
- Die Sorge 69
- Das Handeln 69

Der Eifer 70

- Die Gegenbewegung 70
- Die Wurzeln des Eifers 70
- Helfen mit Eifer 71
- Die Anmaßung 72
- Bescheidenes Handeln 72

Inneres Wachstum

Die Weite 73
- Der weite Blick 73
- Das weite Wissen 73
- Der Bezug auf das Ganze . 74
- Das weite Handeln 74

Die Tiefe 75
- Das Geheimnis 75
- Das Ganze 76
- Die Fülle 76

Die Erwartung 77
- Die Begrenzung 77
- Die Offenheit 77

Die Demut 78
- Das Maß 78
- Der Mut 78
- Die Einsicht 79
- Die Größe 79

Die Liebe 80
- Die reiche Liebe 80
- Die geläuterte Liebe 81
- Die Liebe des Geistes 81

Die Wirkung 84
- Das Wissen 84
- Der Weg 84
- Die Sicht 85
- Die Anwendung 85
- Das Handeln 85

Liebe Mutter 86
- Die Trennung 86
- Das Göttliche 86
- Der Grund 87
- Die Sehnsucht 87
- Das Letzte 87

Kind sein u. bleiben 88
- Das Einverständnis 88
- Das Eigene 88
- Der Einklang 88
- Die Verantwortung 89
- Der Schutz 89

Der Eigennutz 90
- Der Dienst 90
- Die Liebe 90
- Das Andere 91
- Die Erfüllung 91

Die Konflikte 92
- Das Überleben 92
- Das Ganze 92
- Konflikte zwischen Gruppen 93
- Der Ausgleich 93
- Ungelöste Konflikte…
  … in der Familie 93
  … zwischen Völkern ... 94
- Der Verzicht 94

Der Friede 95
- Die Gedanken 95
- Die Grenzen 95
- Die Vergangenheit 95
- Die Moral 96
- Der Konflikt 96

Es ist vollbracht 97
- Der Weg 97
- Das Große 97

Wahrheit in Bewegung

Gehen mit dem Geist . 100

- Das Ganze............ 100
- Die Bewegung......... 101
- Die Liebe............. 101

Der systemische Erkenntnisweg....... 102

- Systemische ...
  - ... Wahrnehmung 102
  - ... Absichtslosigkeit 102
- Das Geistige 103
- Die Ahnen............ 103
- Die Versöhnung........ 104
- Der Einklang 105

Die andere Ordnung der Liebe............. 106

- Geistige Felder......... 106
- Der ausgedehnte Geist... 106
- Sprachfelder........... 106
- Fremde Felder 107
- Das schöpferische Feld .. 107
- Krankheitsfelder........ 109
- Die Felder beim Familien-Stellen 109
- Engere und weitere Felder 110
- Die Toten............. 111
- Der Antisemitismus 112
- Die Versöhnung innerhalb der Felder 113
- Der Wechsel 114
- Die Identifizierung...... 115
- Das gemeinsame Schicksal 116
- Die Versöhnung zwischen den Feldern ... 117
- Die Schritte 117
- Das Göttliche.......... 119
- Der verborgene Gott 120

Die Toten........... 121

- Sein und Nichtsein...... 121
- In Resonanz mit den Toten 121
- Erfahrungen mit Toten ... 122
- Die Lösung 123
- Das weitere Feld 124

Freut euch des Todes.. 125

Das Ende der Hoffnung 126

Denken im Angesicht des Nicht........... 127

- Das Nicht und das Sein .. 127
- Die Liebe............. 127
- Die Weisheit 128
- Das reine Denken und Handeln 128

Die Zwischenzeit 129

- Die Liebe............. 129
- Der Kampf ums Dasein .. 129
- Das Nicht-Sein......... 130
- Die andere Liebe 130

Das reine Herz 131

Nachwort 132

Leitfaden durch die Veröffentlichungen von Bert Hellinger

- Bücher............. 134
- Online-Shop/Homepage . 138

EINFÜHRUNG

Die für unser Leben entscheidenden Einsichten gewinnen wir aus Erfahrung und aus dem Nachdenken über unsere Erfahrung Doch manchmal geht unser Nachdenken über diese Erfahrungen hinaus, vor allem dort, wo wir sie verallgemeinern. Dann müssen wir zur Erfahrung zurückkehren und die Ergebnisse unseres Nachdenkens an ihr korrigieren. Das aber ist angewandte Einsicht und angewandte Philosophie. Sie ist nie endgültig. Sie bleibt im Fluss und ist Wahrheit in Bewegung.

Der in diesem Buch beschrittene und beschriebene Erkenntnisweg ist daher angewandte Philosophie im doppelten Sinne. Einmal wird die Erkenntnis auf Handeln bezogen und dient dem Handeln. Zugleich wirkt das Handeln auf die Erkenntnis zurück. Es vertieft die Erkenntnis, korrigiert sie auch und führt sie weiter. Erkenntnis und Handeln bleiben daher laufend aufeinander bezogen und sind im Tiefsten eins. Sie sind das Gleiche, nur jeweils aus einem anderen Blickwinkel betrachtet. Sie haben im Blick, welches Handeln unseren Beziehungen dient. Sie haben im Blick, welches Handeln sie erweitert und vertieft und welches Handeln sie auf gute Weise auch beendet und löst. Dabei bin ich hier nicht so sehr auf die einzelnen Schritte eingegangen. Diese habe ich in vielen anderen Büchern anschaulich und im Detail beschrieben.[1*]

In meiner bisherigen Tätigkeit wurde ich vor allem mit dem Familien-Stellen und der Psychotherapie in Verbindung gebracht. Aber die Einsichten, die mich zu dieser Tätigkeit geführt haben, waren in erster Linie philosophische Einsichten und wurden auf einem philosophischen Erkenntnisweg gewonnen. Dazu gehören zum Beispiel meine Einsichten über die Funktionen des Gewissens. Anders, als das Gewissen in der Psychotherapie, aber auch in der Religion und in vielen weltanschaulichen Bewegungen gesehen wird, mit weittragenden Folgen für das praktische Handeln und Urteilen, habe ich erkannt, dass das Gewissen vor allem der instinktiven Bindung an die eigene Gruppe dient. Diese Einsichten habe ich im Rahmen der Psychotherapie in vielfältiger Weise angewandt und überprüft und vertieft.

---

1 *Vergleiche dazu im Anhang die Angaben über:
• Ordnungen der Liebe • Ordnungen des Helfens
• Wie Liebe gelingt • Schicksalsbindungen bei Krebs
• Wo Ohnmacht Frieden stiftet • Mitte und Maß
• Liebe am Abgrund • Die Quelle braucht nicht nach dem Weg zu fragen • Der Friede beginnt in den Seelen

Inzwischen hat sich die Anwendung dieser Einsichten auch außerhalb der Psychotherapie als hilfreich erwiesen, nämlich überall dort, wo es um Beziehungen und um Beziehungskonflikte geht. Zum Beispiel in den Familien, in der Erziehung, in der Fürsorge und Pflege, in Unternehmen und in den Gemeinwesen im weitesten Sinn.

Dieses Buch steht daher in einer Reihe mit anderen Büchern, in denen es ebenfalls um diese Erkenntnisse geht.[2**]

Es handelt sich hier also um ein vorwiegend philosophisches Buch. Allerdings bleiben die überkommenen philosophischen Begriffe und die sich vorwiegend in Begriffen bewegende Vorgehensweise draußen vor. Hier geht es um eine lebendige Philosophie, die sich laufend an der Erfahrung orientiert und die aus der Erfahrung zu weiteren Einsichten führt. Sie steht im Dienst des Lebens und misst sich daran, inwieweit sie dem Leben dient.

Wenn Sie sich mit mir auf diesen Erkenntnisweg begeben wollen, freue ich mich. Doch wir gehen ihn jeder allein, denn wesentliche Erkenntnis ist persönliche Erkenntnis. Man kann sie mitteilen und austauschen, doch wirksam wird sie für jeden nur insoweit, als sie ihn persönlich erreicht. Vielleicht finden auch andere, die sich zunächst nur informieren wollten, an diesem Weg Gefallen und wagen die entscheidenden Schritte, denn hier bleibt alles spannend.

Bert Hellinger

---

2 ** *Vergleiche dazu im Anhang die Angaben über:*
• *Anerkennen, was ist* • *Die Mitte fühlt sich leicht an*
• *Verdichtetes* • *Entlassen werden wir vollendet*
• *Gedanken unterwegs* • *Gottesgedanken*

Die Philosophie

Die Praxis

Ursprünglich stand die Philosophie ganz im Dienst des Lebens. Das, was an der Welt und im menschlichen Leben und Zusammenleben verborgen und geheimnisvoll und daher auch unverständlich schien, sollte mit Hilfe der unvoreingenommenen und sorgfältigen Beobachtung für uns verständlich werden. So verständlich, dass der Einzelne sich leichter in der Welt zurechtfinden konnte, vor allem dadurch, dass er die verborgenen Muster und Gesetze erkannte, die sich im Zusammenspiel der vielen und oft einander entgegenwirkenden Kräfte zeigten. Damit konnten sie für uns vorhersehbar und zur rechten Zeit beachtet werden.

Diese Philosophie war daher auf Handeln ausgerichtet. Sie sollte das der Wirklichkeit gemäße Handeln in Gang bringen und begleiten. Gleichzeitig wurden ihre Erkenntnisse und Einsichten durch das Ergebnis entweder bestätigt oder in Frage gestellt. Diese Philosophie war also durchwegs praktische Philosophie, das genaue Gegenteil von „Etwas sich Ausdenken" oder von einem „großen Entwurf".

Die Wissenschaft

In diesem Sinne war die Philosophie von Anfang an wissenschaftlich, ja sie machte die Wissenschaft in vieler Hinsicht erst möglich. Wieso? Weil sie der unvoreingenommenen Beobachtung vertraute, ohne sich von den gängigen Meinungen oder Überzeugungen beeinflussen zu lassen. Diese wurden vielmehr von der Philosophie in Frage gestellt, was dazu führte, dass viele Philosophen angefeindet und sogar als für die Allgemeinheit gefährlich vor Gericht gestellt und verurteilt wurden. Zum Beispiel Sokrates.

Es waren vor allem viele religiöse Überzeugungen, die von der Philosophie als unvernünftig erkannt wurden. Das heißt, die Philosophie wirkte in diesem Bereich aufklärend. Sie hat durch Beobachtung aufgeklärt, was der erfahrbaren Wirklichkeit und der Vernunft widersprach.

Auch hinter dem Familien-Stellen stehen genaue Beobachtungen. Auch diese Beobachtungen stellen viele gängige Meinungen und Überzeugungen in Frage. Zum Beispiel die Vorstellung, als hätten wir das Leben weitgehend in unserer Hand und könnten es nach eigenem Belieben erfolgreich und glücklich gestalten. Das Familien-Stellen führt durch seine Beobachtungen und durch die Erfahrungen bei seiner Anwendung zu anderen Einsichten. Doch müssen auch diese, wie alles in der Philosophie, sich am Ergebnis bewähren und sich durch das Ergebnis entweder bestätigen oder in Frage stellen lassen.

Die Aufklärung

Da diese Ergebnisse oft vieles Liebgewonnene als unhaltbar und auch als unvernünftig entlarven, wirkt das Familien-Stellen in vielen Bereichen als Aufklärung und wird deshalb oft angegriffen. Dass es sich hier um wirkliche Aufklärung handelt, zeigt sich daran, dass die Widerstände gegen das Familien-Stellen sich in der Regel nicht etwa auf eigene genaue Beobachtungen berufen, sondern auf Daseinsentwürfe, welche die Wirklichkeit nach eigenen Vorstellungen zu ändern trachten statt die erfahrene Wirklichkeit als richtungweisend für unser Denken und Handeln anzuerkennen.

Dies gilt auch für viele religiöse Überzeugungen. Überzeugt sein können wir nur von etwas, das wir nicht wissen und das sich daher der Nachprüfung entzieht.

Es gibt auch philosophische Überzeugungen, die eher Glaubensüberzeugungen gleichen. Man erkennt sie an dem Eifer, mit denen ihre Vertreter sie vortragen und durchzusetzen suchen. Auch in der Wissenschaft gibt es solche Überzeugungen mit einem entsprechenden Verhalten ihrer Vertreter.

Der Fortschritt

Den philosophischen und wissenschaftlichen Erkenntnissen ist gemeinsam, dass sie nur innerhalb bestimmter Grenzen gültig sind. Sie werden zu Überzeugungen, wenn sie über diese Grenzen hinausgehen und als allgemeingültig hingestellt werden, als könnte eine philosophische oder wissenschaftliche Erkenntnis je allgemeingültig sein. Denn der Anspruch auf Allgemeingültigkeit schiebt der weiteren Erkenntnis einen Riegel vor, als sei in dieser Erkenntnis wirklich etwas zu Ende gekommen. Daher verbirgt sich hinter dem Vorwurf, eine Erkenntnis sei wissenschaftlich nicht bewiesen, obwohl sie vom Ergebnis her bereits bestätigt wurde, oft der Anspruch, eine Erkenntnis müsse allgemeingültig und damit an ein Ende gekommen sein. Doch so wie Handeln an kein Ende kommen kann, solange das Leben weitergeht, kann auch eine Erkenntnis an kein Ende kommen, da neues Handeln laufend neue Erkenntnisse mit sich bringt.

Was sagt das aus über diese Philosophie?

1. Sie ist eine Erfahrungswissenschaft. Das heißt, ihre Einsichten kommen aus der Erfahrung und werden an der Erfahrung

überprüft. Sie sind jedoch wie diese Erfahrung unvollständig und daher im Fluss. Daher ist diese Philosophie eine lebendige, sich laufend weiter entwickelnde Wissenschaft.

2. Diese Philosophie braucht das Handeln gemäß der aus Erfahrung gewonnen Einsicht und die Bestätigung ihrer Einsichten durch das ihnen entsprechende Handeln. Ohne Vollzug auch keine gesicherte Einsicht. Denn wie anders will man eine Einsicht überprüfen, wenn nicht am persönlichen Vollzug? An der Philosophie wachsen wir daher und wandeln uns.

3. Diese Philosophie braucht den Austausch. Niemand kann für sich allein alle Erfahrungen machen, die sich aus einer Einsicht ergeben. Diese Philosophie ist daher ein Gemeinschaftswerk. Sie braucht sowohl das gemeinschaftliche Beobachten und Reflektieren als auch das gemeinschaftliche Handeln. Dabei kann dieses Handeln durchaus unterschiedlich sein. Es wird gemeinschaftlich durch den Austausch.

Die Grenzen

Wo kommt die Philosophie an ihre Grenzen? Dort, wo sie mehr wissen will, als für den Vollzug des Lebens wesentlich ist. Zum Beispiel wird manchmal aus der Erfahrung der Sinnestäuschungen und dem Nachweis, dass Farben sich aus dem Zusammenwirken von Sinnesreizen und ihrer Verarbeitung in unserem Nervensystem ergeben – dass es also außerhalb unserer Wahrnehmung die Farben, wie wir sie sehen, nicht gibt – die Schlussfolgerung gezogen, unsere Erkenntnis sei trügerisch und könne die Wirklichkeit nicht erfassen oder noch weitergehend, die Wirklichkeit würde von uns erschaffen. Damit wird verlangt, dass wir über das für unser Leben Notwendige noch mehr wissen müssten, etwas, das jenseits und über ihm da ist und wirkt. Doch wozu sollen wir mehr erkennen, als wir für den Vollzug unseres Lebens brauchen? Ist es nicht umgekehrt so, dass die Weise unserer Sinneserfahrung, wie immer sie auch zustande kommt, unser Leben erst schön, erfüllend und wunderbar macht? Kann es eine bessere Erkenntnis geben als diese? Fügt die kritische Betrachtung der Art und Weise, wie unsere Erkenntnis zustande kommt, dem Leben und unserer alltäglichen Erfahrung etwas hinzu? Oder ist diese kritische Betrachtungsweise nicht oft ein Sich-über-diese-Erfahrung-Erheben-Wollen und eine heimlich Absage an unsere Grenzen und das uns innerhalb dieser Grenzen mögliche Leben? Kann es denn jenseits dieser Grenzen für uns etwa Besseres oder Schöneres geben?

Über diese Grenzen gehen auch die so genannten Daseinsentwürfe. Sie gehen über die Versuche, das Gegebene in seiner Ordnung zu erfassen und zu beschreiben hinaus. Sie wollen gleichsam selbstschöpferisch eine andere Welt entwerfen und die Welt und die Menschen nach diesem Entwurf verändern. Die Welt und die Menschen sollen diesem Entwurf angepasst werden, notfalls sogar mit Gewalt statt dass sich unsere Erkenntnis nach dem richtet, was ihr in dieser Welt vorgegeben ist und sich im Einklang mit ihr entwickelt und vollzieht.

Statt solche Utopien zu entwerfen, wäre es doch eher die Aufgabe der Philosophie, diese Entwürfe zu entlarven und so auch innerhalb der Philosophie aufzuklären und der an der vorhandenen Wirklichkeit sich messenden Vernunft zu dienen.

Ausblick

Was das Familien-Stellen betrifft, so war es zunächst eine neue Erfahrung. Es war die Erfahrung, dass die Mitglieder einer Gruppe, sobald sie als Stellvertreter für die Familienangehörigen einer Person ausgewählt und aufgestellt werden, plötzlich fühlen wie die Personen, die sie vertreten, ohne von ihnen etwas zu wissen. Hinzu kommt die weitere Erfahrung, dass auch die wirklichen Familienmitglieder von dem, was in einer Aufstellung vor sich geht, beeinflusst werden, ohne dass sie etwas davon wissen. Durch das Familien-Stellen erhalten wir also Zugang zu einer Dimension menschlichen Daseins, die vorher verborgen war und die auch in der Philosophie bisher nicht erfasst und beschrieben werden konnte.

Das Familien-Stellen verlangte daher nach einer anderen Philosophie und machte sie zugleich möglich.

Die Seele

Das Familien-Stellen bringt ans Licht, dass die Grenzen, die wir um unser Ich oder unser Selbst gezogen haben, viel weiter sind als dies in der Philosophie bisher vorausgesetzt wurde. Viele philosophische Annahmen und Schlussfolgerungen erweisen sich von den Erfahrungen des Familien-Stellens her als unzureichend oder sogar falsch. Zum Beispiel vieles, was über den freien Willen gesagt wurde oder über die Selbstverantwortung und die Autonomie des Menschen und seines Denkens und Wollens.

Die gemeinsame Seele

Durch das Familien-Stellen kommt ans Licht, dass die Familie, der wir angehören, ein gemeinsames Ich besitzt, ein gemeinsames Selbst und eine gemeinsame Seele. Durch das Familien-Stellen wird für uns erfahrbar, dass das, was wir als unser persönliches Ich erfahren, als unser persönliches Selbst und als unsere persönliche Seele, von etwas Umfassenderem und Größerem in eine bestimmte Richtung gelenkt wird. Ich nenne es die große Seele. Durch diese größere Seele werden wir in die Schicksale anderer Familienmitglieder eingebunden und verstrickt, sodass diese zu unserem Schicksal werden, ohne dass wir oder sie darauf Einfluss nehmen können.

Wer sind nun im Einzelnen die Personen, deren Schicksale von einem gemeinsamen Ich und einer gemeinsamen Seele erfasst werden, die sie wie Teile eines Ganzen zueinander in Beziehung bringt und die sie für dieses Ganze in den Dienst nimmt? Es sind folgende blutsverwandte Personen:

1. Die Geschwister: alle, auch die tot geborenen und die abgetriebenen.
2. Die Eltern und ihre Geschwister, aber nicht deren Partner und Kinder.
3. Die Großeltern, doch ohne ihre Geschwister, abgesehen von seltenen Ausnahmen.
4. Der eine oder andere der Urgroßeltern.
5. Aus den Generationen noch weiter zurück, die Mörder und ihre Opfer, wenn sie Mitglieder der Familie waren.

Darüber hinaus gehören auch Nicht-Blutsverwandte zu dieser Familie. Es sind vor allem jene, die für ein blutsverwandtes Familienmitglied Platz gemacht haben. Dazu gehören:

6. Frühere Partner von Eltern oder Großeltern, denn sie haben für die Eltern oder Großeltern eines späteren Familienmitgliedes Platz gemacht. Dabei spielt es

keine Rolle, ob die früheren Partner durch ihren Tod oder durch eine Trennung Platz gemacht haben. Wie sehr sie zum Familiensystem gehören, kann man daran ablesen, dass sie von einem Kind aus der späteren Verbindung vertreten werden, ohne dass dies den Betroffenen bewusst wird.

7. Zum Familiensystem gehören auch solche Nicht-Blutsverwandte, durch deren Verlust bestimmte Familienmitglieder einen Gewinn hatten. Zum Beispiel frühere Sklaven der Familie oder andere Ausgebeutete, vor allem solche, die dafür mit ihrem Leben bezahlt haben. Auch sie werden später von Familienmitgliedern vertreten, ohne dass ihnen dies bewusst wird. Erst das Familien-Stellen bringt in der Regel eine solche Verstrickung ans Licht.
8. Auch die Mörder von Opfern aus der Familie gehören zum System, auch wenn sie nicht Mitglieder der Familie waren. Ebenfalls die Opfer von Mördern aus der Familie, auch wenn deren Opfer nicht zur Familie gehörten.

Durch das Familien-Stellen kommt auch ans Licht, dass wir über die Grenzen des hier beschriebenen Familiensystems hinaus in noch größere Systeme eingebunden sind, in der eine noch umfassendere Seele wirkt. Zum Beispiel das Volk oder die Rasse oder die Religion, denen wir angehören.

Man könnte einwenden, dass sich die Einbindung in solche größere Gruppen vor allem aus einer gemeinsamen Interessenlage ergibt. Doch kann damit nicht verständlich gemacht werden, dass auch innerhalb solcher großen Systeme das Erkennen und Wollen von Kräften gesteuert wird, denen die Einzelnen und die Familiensysteme ausgeliefert sind. Wie anders wäre es sonst zu erklären, dass bestimmte Wirklichkeiten nicht wahrgenommen oder kollektiv verleugnet werden, obwohl sie auf der Hand liegen? Zum Beispiel die Wirklichkeit, dass alle Menschen im Wesentlichen gleich sind?

Was hier dem Erkennen und dem ihm entsprechenden Verhalten und Handeln Grenzen setzt, werde ich später im Kapitel über das Gewissen genauer beschreiben. Hier geht es nur darum, auf immer weitere Dimensionen der Seele hinzuweisen, die uns beeinflussen und steuern.

Wirkungen der Seele

Die Seele ist die Kraft, die das Lebendige zusammenhält und es bewegt. Sie lässt das Lebendige sich nach einer vorgegebenen Ordnung entwickeln und fortpflanzen, ermöglicht ihm den Austausch mit anderem Lebenden, der es am Leben erhält, und sie verlässt das Lebende scheinbar, wenn seine Zeit erfüllt ist. Ich sage hier scheinbar, denn dem Leben im weiteren Sinne dient auch das was von der Seele verlassen wurde. Das Leben wird, wie auch die Seele, als etwas Eigenes erfahren. Es ist aber nichts Eigenes, weil es schon vor uns da war und nach uns sein wird. Das heißt: wir gehören zwar dem Leben und der Seele, aber die Seele und das Leben können wir niemals persönlich besitzen. Daher können wir sie genau genommen auch nicht verlieren. Alles Lebendige und mit ihm selbst das nicht belebte Stoffliche stehen im Dienst der gleichen, sie alle aufeinander beziehenden Seele, der sie alle in diesem Sinne unterworfen sind.

Wir erfahren die Seele auch als wissend. Sie ist es aber nicht aus sich selbst. Sie steht im Dienst einer sie übersteigenden, noch höheren Kraft, die wirklich wissend ist, die aber in der Seele und durch sie wirkt. Doch davon mehr im nächsten Kapitel.

Die Seele hält den lebenden Organismus zusammen und lenkt das Zusammenwirken seiner einzelnen Organe, sodass jedes einzelne Organ einem größeren Ganzen dient. Die Seele achtet darauf, dass in diesem Organismus nichts verloren geht. Sie ersetzt daher das, was verloren ging, so weit als möglich. Die Seele steht im Dienst einer Ganzheit und will diese als Ganzes sowohl erhalten als auch fortentwickeln und erweitern. Sie will das Wachstum und das Neue. Daher sind die Ordnungen, denen sie folgt, Wachstumsordnungen. Sie sind Ordnungen der Weiterentwicklung, Ordnungen, die immer mehr Einzelnes zu einem größeren Ganzen verbinden. Wenn wir diese Ordnungen und ihr Wirken in menschlichen Beziehungen betrachten, sind sie Ordnungen der Liebe.

Wir *haben* also nicht die Seele, wir *sind* in einer Seele. Wenn wir uns dieser Seele überlassen und uns im Einklang mit ihr verhalten, erleben wir uns auf besondere Weise beseelt, von vielem durchdrungen und mit vielem schwingend. Isolierte Einzelne und isolierte Ichs können sich nicht verständigen. Sie können auch nicht in Einklang kommen mit ihrer Umgebung oder sie verstehen. Denn wie sollten sie das, was zwischen ihnen liegt, überwinden? Nur ein ihnen Gemeinsames ermöglicht das gegenseitige Verstehen und den Austausch, selbst wenn nichts gesagt wird. Dieses Gemeinsame ist die ihnen gemeinsame Seele. Schon Plato hat daher das, was die Verständigung zwischen Menschen ermöglicht, Seele genannt.

Wie die Seele den Einzelnen erfasst und in eine bestimmte Richtung treibt, wird im Rahmen des Familien-Stellens für alle erlebbar. Zum Beispiel wenn die Stellvertreter für bestimmte Familienmitglieder plötzlich von Gefühlen überwältigt und in Bewegungen gedrängt werden, denen sie nicht widerstehen können. Es sind dies Bewegungen der Seele, die etwas Verborgenes ans Licht bringen, die etwas Ungeordnetes in Ordnung und etwas Unerledigtes zu Ende bringen. Es sind vor allem Bewegungen, die etwas, das sich vorher entgegenstand und ausschloss, versöhnend verbinden.

Hier zeigt sich:
1. dass die Seele wissend ist;
2. dass sie aktiv ist;
3. dass sie zielgerichtet ist;
4. dass sie unabhängig von unserem Bewusstsein und unserem Denken und Wollen tätig wird und im Ergebnis bei weitem das unserem Planen Mögliche übersteigt.

Die Seele ist das, was uns nah ist, was wir als uns am nächsten erleben. Denn auch unseren Körper spüren wir nur über die Seele. Als Leib gehört er uns durch unsere Seele. Nur durch die Seele sind wir am Leben.

Konflikte

Die Frage ist nun: Wenn die Seele alles lenkt und bestimmt, kann dann irgendetwas in us ihr entgegenstehen? Kann irgendetwas in uns sich selbstständig machen und sich als Teil dem Ganzen entziehen oder sich gegen es richten? Wie kann es dann überhaupt zu Konflikten kommen sowohl in uns selbst als auch zwischen den Mitgliedern einer Familie und zwischen menschlichen Gruppen?

Die Seele will die Konflikte, weil sie das Wachstum will. Sie will das Ringen um den besseren Platz und das bessere Ergebnis. Sie will die Konflikte, weil sie die Auslese will und die Weiterentwicklung und daher auch den Untergang des einen und den Sieg des anderen. Nur im Endergebnis kann sich ihr nichts widersetzen. Dort angekommen, hat alles ihrem Ziel gedient, auch das, was abzuweichen schien und dabei unterging.

Die Seele ist also nicht eine einzelne Seele. Sie umfasst alle Seelen, die wir als einzelne Seelen wahrnehmen.

Das, was wir hier im Großen wahrnehmen und dem wir im Großen zuzustimmen haben, gilt auch innerhalb der von uns als persönlich erfahrenen Seele. Auch sie duldet und fördert den Konflikt innerhalb ihrer Grenzen, mit Abweichung und Übereinstimmung, mit Untergang und Sieg. Sie ist die Ganzheit von vielem Einzelnen, das sich zum Teil auch entgegensteht und dann nach Ausgleich sucht. Gleichzeitig ist sie als Ganzes ein Einzelnes in einem noch größeren Ganzen.

Einklang

Was die Seele wirklich ist, wissen wir nicht. Wir können aber ihre Wirkungen beschreiben, so weit sie für uns erfahrbar werden, und wir können einige ihrer Gesetze beschreiben oder die Ordnungen, welche sie uns vorgibt. Der Einblick in diese Ordnungen ermöglicht es uns, der Seele zu folgen, uns im Einklang mit ihr zu verhalten und, so seltsam es klingt, im Einklang mit ihren immer umfassenderen Dimensionen ganz zu uns selbst zu finden.

Der Geist

Das Bewusstsein

Den Geist erfahren wir zuerst als menschlichen Geist. Wir erfahren ihn anders als das Stoffliche, auch als das beseelte Stoffliche. Wir erfahren ihn als dem Stofflichen und dem beseelten Stofflichen sowohl verbunden als auch entgegengesetzt und ihm in vieler Hinsicht überlegen. Mit dem Geist verbinden wir Bewusstsein, also das Denken, die Vernunft und das Wissen, sowie das Verstehen, die Einsicht, die Reflektion über uns selbst und die Wahlmöglichkeit, sich für das eine oder andere zu entscheiden. Zum Bewusstsein gehört auch die Erinnerung, durch die etwas Vergangenes in uns gegenwärtig werden kann. Und es gehört zum Bewusstsein die Fähigkeit, Entfernungen blitzartig zu überbrücken und bei einem Menschen oder einem Gegenstand zu sein, die sich jenseits unseres sinnlichen Wahrnehmungsbereichs befinden.

Der menschliche Geist ist also in dieser Hinsicht weder begrenzt, noch ist er durch stoffliche Barrieren aufzuhalten, eben weil er nicht stofflich ist, sondern Geist.

Begrenzter und unbegrenzter Geist

Auch die Seele, so weit wir sie auch fassen, ist begrenzt und unterscheidet sich vom Geist. Denn wie das Stoffliche, folgt auch die Seele bestimmten Ordnungen, die nicht aus ihr sondern von außen kommen müssen, eben von etwas jenseits der Seele, dem Geist. Doch ist hier der Geist nicht mehr der menschliche Geist, denn auch der menschliche Geist muss sich Ordnungen fügen, die von außen kommen. Er unterscheidet sich daher von diesem anderen Geist, der ihm diese Ordnungen vorgibt. Zum Beispiel die Kategorien, innerhalb derer sich unser Denken bewegen muss, wie etwa die Kategorien von Raum und Zeit und von Ursache und Wirkung, oder die Gesetze der Logik.

Unser Geist hat also Anteil an einem anderen Geist, der in umfasst und zugleich begrenzt. Dieser Geist gibt unserem Geist Geist von seinem Geist und damit Freiheit und Abhängigkeit in einem.

Diese Aussagen bewegen sich innerhalb der unserem Geist vorgegebenen Ordnungen und können daher das, was unserem Geist diese Ordnungen vorgibt nicht erreichen.

Selbst der Name Geist steht hier nur für das uns äußerste mögliche Sagen. Dieser Name ist keine wirkliche Aussage über das, auf das wir uns mit hier mit dem Wort Geist beziehen. Wenn wir daher auch hier das dieses Wort benutzen, müssen wir uns bewusst sein, dass es gleichzeitig für von einander völlig Unterschiedliches steht.

Dennoch können wir innerhalb dieser Grenzen sagen, dass der Geist in diesem zweiten Sinne die schöpferische Kraft hinter allem uns erfahrbaren Seienden sein muss. So wie alles Seiende, das wir kennen, niemals als bleibend, sondern immer in Bewegung wahrgenommen wird, wird auch dieser Geist von uns als immer in schöpferischer Bewegung und als unerschöpflich schöpferisch erfahren. Und zwar wissend schöpferisch. Alles wissend Schöpferische ist daher in diesem Sinne geistig, durchgeistigt und vergeistigt. Wenn wir die Seele als wissend erfahren und über die Seele auch unseren Leib, sind sie es nur, weil sie von diesem Geist bewegt werden und daher zugleich geistig sind.

Konflikte im Geist

Wie bei der Seele, kann sich auch im Bereich des Geistes, Geistiges gegen den Geist stellen. Auch der menschliche Geist vergeistigt sich über Konflikte. Es gibt in ihm ein mehr oder weniger des Geistigen und damit auch Entwicklung und Verfall. Das Schöpferische, das wir kennen, spielt mit vielen Möglichkeiten, die, um sich durchzusetzen, sowohl lernen als sich auch bewähren und weiterentwickeln müssen. Auch im Bereich des Geistes gibt es daher den Wettbewerb und die Prüfung, das Versagen und den Erfolg.

Der menschliche Geist kann sich auch gegen die Seele stellen und gegen den Leib. Er kann anderes wollen, als es die Seele dem Körper vorgibt und als es dem Leib gemäß ist. Damit wird der menschliche Geist manchmal zum „Widersacher der Seele" und zum Widersacher unserer Gesundheit.

Ordnungen

Wo beginnt dann die Ordnung, die Leib, Seele und Geist in Übereinstimmung bringt? Im Grunde spielt es keine Rolle, wo wir in diesem Bemühen beginnen, wenn nur die anderen Bereiche gleichzeitig miteinbezogen werden.

Am leichtesten scheint es mir, bei der Ordnung des menschlichen Geistes zu beginnen. Dabei hilft uns die Philosophie im vorher besprochenen Sinne. Sie befähigt uns zur genauen Wahrnehmung, zur Unterscheidung zwischen dem Wirklichen und dem nur Behaupteten oder Gewünschten und damit auch zur Wahrnehmung des uns Möglichen und Gemäßen. Sie ist die Zucht des Geistes, die ihn in den Dienst des uns Möglichen und Gemäßen nimmt und wird so im besten Sinne angewandte Philosophie. Erst über die genaue Wahrnehmung können wir auch die Ordnungen und Unordnungen in der Seele erfassen, zum Beispiel die Konflikte zwischen dem bewussten und unbewussten Gewissen, wie ich sie in einem späteren Kapitel beschreibe. Erst wenn die Seele mit Hilfe des Geistes mit den in ihr angelegten gegensätzlichen Bewegungen zu einer Ordnung gefunden hat und zwar nicht nur innerhalb des Individuums, sondern auch innerhalb des Familiensystems, dem es angehört, kann sie auch dem Leib zu der Ordnung helfen, die ihn gesund und mit seiner Umgebung in einvernehmlichem Austausch hält.

Das Wesentliche

Darüber hinaus erfasst der Geist im Einklang mit der Seele etwas, das jenseits des vordergründig Wahrnehmbaren verborgen west. Das heißt, er erfasst in den Dingen und im Menschen und in der Welt etwas von ihrem Wesen. Er kann es benennen und es sichtbar und erfahrbar machen. Zum Beispiel in der Dichtung, in der bildenden Kunst, in der Musik, in der Mathematik, in der Wissenschaft. Das Erfassen des Wesens und des Wesentlichen ist ein schöpferischer Vorgang und etwas wesentlich Geistiges. Es gehört zum Wesen des Geistes. Daher schafft der menschliche Geist auch Ordnungen, die nicht vorgegeben sind, die über die vorgegebenen Ordnungen hinausgehen, ohne sie jedoch aufzuheben. Zum Beispiel politische Ordnungen und das, was wir als Kultur schaffen und erleben. Zu dieser Kultur gehört auch die Philosophie insoweit sie sich im Einklang mit der Wirklichkeit als schöpferisch erweist, also insoweit als sie anwendbar und angewandt ist.

Über den menschlichen Geist sind wir also in besonderer Weise der schöpferischen Urkraft verbunden und in ihrem Dienst, vor allem, wenn wir ihr auch wissend verbunden sind, ihrer bewusst und mit ihr im Einklang.

Der Einklang

Doch wie können wir mit ihr im Einklang sein, wenn sie uns wesentlich verborgen bleibt? Über die Sammlung. Wenn wir sie zutiefst als unsere Ursache anerkennen und uns im Vorgang des Lassens zunehmend von ihr geführt erfahren. Wenn wir uns dieser Führung gleichsam blind überlassen und dennoch wach ihr hingegeben sind, schöpferisch und bewusst durch sie.

In diesem Vorgang erreicht unser Geist seine Vollendung, wird Geist durch diesen Geist. Im Vollzug wird er von ihm nicht mehr unterscheidbar und ist ihm dennoch niemals gleich. Dieser Geist ist der Geiger, der auf der Geige unseres Geistes seine Melodien spielt. Die Geige klingt, ohne dass sie selbst spielt. Dennoch gibt es ohne sie nicht dieses Lied.

Erst der von diesem Geist geführte Geist bringt auch die Seele und den Leib mit ihm in Einklang. Der von diesem Geist geführte Geist, bringt uns auch mit anderen Menschen und mit der Schöpfung in Einklang, sammelt sie in sich und wird für sie zum Mittler. Zum Mittler allerdings, ohne es zu wollen, wie die Geige, auf der ein anderer spielt.

Die Leere

Wie kommen wir in Einklang mit dem Geist, der dem menschlichen Geist Anteil gewährt an seiner schöpferischen Kraft und seinem schöpferischen Wissen? Durch die Leere.

Zustimmen und Lassen

Was heißt hier Leere? Was ist der innere Vorgang, der zu dieser Leere führt und wie fühlt sie sich an? Entgegen den Bildern, die wir mit Leere verbinden, erreichen wir die Leere, die zum Einklang mit dem schöpferischen Geist führt, durch die vollkommene Zustimmung zu allem, was ist und wie es ist. Inwiefern? Weil dieser Geist die schöpferische Urkraft ist, die alles durchdringt. Durch diese Zustimmung werden wir voll von allem, das dieser Geist schafft und das er ordnet und belebt. Und so erreichen wir durch die Zustimmung zum Ganzen, wie es ist, sowohl die Fülle als auch die Leere. Denn vollkommen zustimmen können wir nur, wenn wir das Eigene weitgehend lassen. Durch dieses Lassen werden wir aber nicht leer. Im Gegenteil. Weil wir dem, was ist, nichts Eigenes entgegensetzen, werden wir leer für seine Fülle und eins mit der Kraft, die es bewegt.

Lassen können wir also nur, wenn wir zustimmen, und zustimmen können wir nur, wenn wir auch lassen. Leer werden wir nur, wenn wir uns für diese Fülle öffnen. Die Leere und die Fülle bedingen einander. Wir erreichen beide im gleichen Vollzug.

Die Sammlung

Diesen Vorgang erfahren wir als Sammlung. In der Sammlung ziehen wir uns zurück, und zugleich öffnen wir uns für etwas jenseits des Vordergründigen. Allerdings, ohne zu handeln. Die Sammlung ist einerseits abgezogen von allem, das ablenken könnte. Andererseits ist sie gerichtet, doch ohne tätig zu werden. Die Sammlung ist das Innehalten nach dem Tun und zugleich vor dem Tun. Der Gesammelte wartet, bis etwas anderes wirkt, das, auf das er in der Sammlung gerichtet ist. Er wartet, bis es durch ihn wirkt. Er selbst wirkt nur, weil dieses andere wirkt, und nur so lange, als es wirkt.

Die Wünsche

Der Leere und der Sammlung stehen entgegen die Wünsche, dass etwas anders sein soll, als es ist. Und ihr steht das Bemühen entgegen, die vorgegebene Wirklichkeit nach eigenen Vorstellungen und Wünschen zu ändern. Im Klartext hieße das, dass wir anstelle der schöpferischen Urkraft tätig werden wollen, dass wir mit ihr in Wettbewerb treten, dass wir es besser als sie machen wollen und uns damit über sie erheben. Wie lächerlich, wenn wir es genau betrachten! Dann verhalten wir uns, als hätten wir Einsicht und Wissen unabhängig von dieser Kraft und als hätten wir schöpferische Kraft außerhalb dieser Kraft und vielleicht sogar gegen sie. Solches Bemühen erschöpft sich und scheitert.

Man könnte hier einwenden, dass der Mensch sehr wohl schöpferisch ist und wir dem menschlichen Forschen, menschlicher Planung und menschlichem wagemutigem Handeln Großes verdanken. Die Frage ist aber, kommen die wesentlichen Einsichten und die wesentlichen Errungenschaften aus der eigenen Seele und dem eigenen Geist, oder werden sie, wenn sie gelingen, als geschenkt erfahren und aus dem Einklang kommend mit etwas, das uns als Menschen übersteigt? Ob etwas dem eigenen Planen und Handeln zu verdanken ist, oder dem Einklang mit der größeren Seele und dem anderen größeren Geist, erkennen wir daran, wie lange es hält und wie lange es dauert.

Dennoch kann auch das überhebliche eigene Planen und Handeln nicht außerhalb des Wirkens der schöpferischen Urkraft Erfolg haben, wenn auch vielleicht nur für eine begrenzte Zeit. Wir lernen auch durch das, was scheitert, stimmen auch ihm zu, wie es ist, und finden durch diese Zustimmung zur Fülle und zur Leere.

Das Schöpferische

Am schöpferischsten sind wir in der Leere, die aus der Zustimmung kommt zu allem, auch wenn wir sehen, dass es scheitern muss. Denn das Schöpferische ist nie vollkommen in dem Sinne, dass es an ein Ende gekommen ist. Die Vorstellung, dass etwas vollkommen sein muss, ist eine menschliche Wunschvorstellung, die mit dem Wirken des menschlichen Geistes und dem Wirken des ursächlichen schöpferischen Geistes unvereinbar ist.

Denn beim Vollkommenen hört das Schöpferische auf.

In der Leere sind wir also nicht vollkommen, so tief gehend die damit verbundene und von ihr geforderte Reinigung und Läuterung auch geht. Obwohl wir in ihr still werden und wach sind, ohne zu handeln, wirkt der schöpferische Geist durch uns gleichsam nach Belieben, sodass wir am Ende sogar rein durch unsere Gegenwart und unser Da-sein wirken. Wir ziehen an, ohne zu ziehen, erkennen ohne Mühe, versöhnen, ohne zu wollen, ordnen, ohne einzugreifen, dienen, ohne zu herrschen.

In der Leere werden wir ergriffen, ohne zu greifen, fließen über, ohne zu halten, finden, ohne zu suchen, wissen, ohne zu lernen, lieben, ohne zu nehmen, handeln, ohne dass es auffällt und sind frei, ohne zu wählen.

In der Leere wachsen wir über uns hinaus, doch ohne uns zu verlieren. Erst in der Leere sind wir ganz da.

Die dunkle Nacht

Eng mit der Erfahrung und dem Bild der Leere verbunden, ist das Bild der dunklen Nacht: der Nacht der Sinne, der Nacht des Geistes, der Nacht des Willens. Manche zögern, sich darauf einzulassen, weil diese Bilder aus der Mystik kommen. Im Abendland hat sich ja die Philosophie weitgehend von der Mystik distanziert, als hätte die Mystik eher mit dem Glauben zu tun und weniger mit einer allgemein menschlichen Erfahrung und einem allgemein menschlichen Erkenntnisweg. Doch das war nicht immer so. Viele der frühen abendländischen Philosophen waren im oben genannten Sinne Mystiker. Zum Beispiel Heraklit oder Plato oder Plotin.

Doch was heißt nun vom Vorgang her *Nacht der Sinne*. Sie ist der erste Schritt in die Leere, in das Nicht-sehen, in das Nicht-Hören, in das Stillehalten als Vorbereitung der Sammlung. Erst indem die Sinne zur Ruhe kommen und eintreten in die Nacht, kann sich der Geist zustimmend auf das Ganze richten, ohne etwas auszuschließen.

Doch auch der Geist ist unruhig und mit vielem befasst. Auch er kommt zur Ruhe in der Nacht, in der ihn nichts mehr ablenkt, in der er einfältig wird, nur noch auf eines ausgerichtet. Die *Nacht des Geistes* ist der zweite Schritt in die Sammlung.

Dann bleibt noch das Begehren, der Wunsch nach vielem, und die Bewegung auf das Ersehnte und Begehrte hin. Das Begehren abzuziehen von dem, was es will, auch von dem, was es fürchtet, gelingt in der *Nacht des Willens*. Erst in ihr kommt der Geist und kommen die Sinne zur Ruhe. Erst in ihr sind wir ganz ausgerichtet auf etwas Verborgenes hin, wartend, dass es sich zeigt, dass es uns bewegt und durch uns wirkt.

Dieser Weg in die Sammlung ist ein philosophischer Weg. Er ist angewandte Philosophie. Nur über ihn kommt unser Geist in jenen tiefen Einklang mit der schöpferischen Urkraft, die ihm den Zugang eröffnet zum wesentlichen Wissen, zur Weisheit, Er zieht unsere tiefste Liebe an, in ihr erfüllt sie sich.

Weisheit im Vollzug

Dass dieser Weg nicht nur für die abendländische Philosophie als der eigentliche Weg zur schöpferischen Weisheit erfahren wurde, zeigt uns Laotse im Tao te King. Was wir im Abendland lieber *Geist* nennen – nicht gleichzusetzen mit dem menschlichen Geist – wird dort *Tao* genannt. Auch das Tao wirkt in denen, die leer geworden sind, in denen, die durch die Nacht der Sinne und die Nacht des Geistes und die Nacht des Willens jene Sammlung und in sich ruhende Stille erreicht haben, die sie für das Tao öffnet und ihm erlauben zu wirken, während sie selbst im Nicht-Handeln verharren.

Über diese Leere findet der Geist zu seiner Bestimmung und kommt auch die Seele zu ihrer Fülle. Über die so im Einklang mit dem Geist geordnete Seele findet auch der Leib zu seiner Ordnung und zu seiner Gesundheit und Kraft.

Die Philosophie beginnt also beim Geist in diesem besonderen Sinne und bei seiner Weisheit. Erst dann wendet sie sich der Seele zu und über sie auch dem Leib. Sie bewirkt etwas in beiden. Sie erweist sich als Weisheit im Vollzug und, in diesem besonderen Sinne, als angewandte Philosophie.

Die Andacht

Die Andacht ist auf etwas gerichtet, das im Wesentlichen verborgen bleibt. Sie ist gerichtet auf etwas, das hinter dem den Sinnen und sogar dem Verstand Zugänglichen als gegenwärtig wirkend wahrgenommen, aber nicht erfasst wird. Dieses andere entzieht sich dem Begreifen, doch nicht dem innersten Gefühl. Die Andacht antwortet, ohne zu hören, gerät in Schwingung, ohne zu wissen woher, wird in eine Hinbewegung hineingezogen, ohne abzusehen, wo sie endet. Daher ist die Andacht ohne eigene Bewegung. Sie ist still. In der Andacht warten wir und sind nur da. Aber wach und weit, ohne uns zu rühren.

Andacht und Einsicht

Die Andacht macht uns fähig für die wesentliche Einsicht und für das aus ihr sich ergebende wesentliche Tun. Doch es ist ein Tun ohne Absicht, wie selbstverständlich, ohne Eifer, andächtig selbst in der Bewegung und daher auch in der Bewegung gesammelt und still.

Ist die Andacht religiös? Da sie nicht erfasst, was jenseits des Offenbaren sich verbirgt, sie also ohne Ziel und Bild nur auf Unbekanntes ausgerichtet und ohne Bewegung bleibt, ist sie ohne Bestimmung und daher weder noch.

Sie ist aber eine philosophische Haltung, weil sie zur Erkenntnis ohne Absicht führt, zur reinen Erkenntnis, ungetrübt durch Selbstbezug oder Begehr. Sie führt zur Erkenntnis im Einklang und kommt aus dem Einklang. Daher ist sie Erkenntnis, die Entscheidendes bewirkt. Doch sie bleibt bescheiden, sucht nicht und wehrt sich nicht. Sie bleibt andächtig.

Die Andacht ist eine Folge von Einsicht und am Ende wie diese Einsicht geschenkt.

DER ERKENNTNISWEG

Der Verzicht

Erst wenn wir etwas über die Ordnungen der Seele und des Geistes wissen und wenn wir bereit sind, den Weg in die Leere zu gehen und in die Nacht der Sinne, des Geistes und des Willens, sind wir offen für den wesentlichen philosophischen Erkenntnisweg. Auf ihm erfassen wir über das Vordergründige der sich uns zeigenden Phänomene hinaus ihre Mitte, ihre verborgene Ordnung, ihr Wesen. Dieser Erkenntnisweg führt uns zu den wesentlichen Einsichten in die Bewegungen der Seele und des Geistes – und er setzt sie voraus. Ich nenne ihn den phänomenologischen Erkenntnisweg. Er führt zur Erkenntnis durch den Verzicht: durch den Verzicht auf bestimmte Ziele und die eigene Absicht, auch durch den Verzicht auf bisheriges Wissen, so klar es uns auch scheinen mag, und durch die Bereitschaft, das bisherige Wissen als vorläufig hinter uns zu lassen, um offen zu sein für völlig Unerwartetes und Neues.

Die Offenheit

Die neue Erkenntnis auf dem phänomenologischen Erkenntnisweg setzt also die Leere und die Nacht der Sinne und des Geistes voraus. Sie setzt auch die Nacht des Willens voraus, ohne Begehr und ohne Furcht. Das heißt, sie setzt auch die Zustimmung zu den Folgen dieser Erkenntnis voraus, zum Beispiel auch zu den Widerständen und Anfeindungen, die sich daraus ergeben. Denn die Erkenntnis, die sich auf diesem Erkenntnisweg zeigt, lässt, weil sie wesentliche Erkenntnis ist, weder uns noch andere unberührt. Man kann sie auch nicht abschütteln, als ginge sie uns nichts an. Gerade an dieser Wirkung zeigt sich, dass es sich um wesentliche Erkenntnis handelt. Deshalb wirkt sie, ohne dass man sie erklärt. Sie braucht keine Beweise und man kann sie durch Ablehnung nicht aus der Welt schaffen. Sie ist schöpferische Erkenntnis. Sie bringt etwas auf den Weg, das nicht mehr aufzuhalten ist. Sie lässt sich nicht vereinnahmen durch feste Begriffe oder eine Theorie, denn diese überholt sie laufend.

Wie kann diese Erkenntnis solche Wirkungen haben? Weil sie in der Leere offen ist für die Bewegungen der schöpferischen Urkraft und sich ihnen fügt.

Die Schritte

Nun zu den Schritten auf diesem Erkenntnisweg. Der erste Schritt: Man setzt sich den Phänomenen aus, wie sie sich zeigen, ohne Auswahl, ohne Urteil, allen wie sie sind. Und man stimmt ihnen zu, wie sie sind. In dieser Haltung braucht man sich vor nichts zu verschließen. Alles kommt mit uns in Einklang ohne Furcht vor uns, und wir kommen mit ihm in Einklang, ihm zustimmend, wie es ist.

Dann kommt der zweite Schritt: Wir warten, bis sich aus der Fülle dessen, dem wir uns aussetzen, plötzlich etwas zeigt. Was sich so zeigt, zeigt sich mit Macht und zugleich als Forderung. Aus dem verborgenen Hintergrund der Phänomene tritt plötzlich etwas ans Licht wie ein Blitz und zeigt uns, was zu tun ist, und zwar augenblicklich. Wir erleben es als von außen kommend, obwohl es sich im Inneren zeigt. Wenn wir ihm folgen, bewirkt es etwas sowohl in uns als auch in den anderen, die ihm ausgesetzt werden. Denn dann sind es nicht nur wir selbst, die handeln. Etwas anderes wirkt durch uns.

Die Anwendung

Die Erkenntnis, die sich so zeigt, verlangt die Anwendung und zwar unmittelbar. Denn sie ist schöpferische Erkenntnis. Sie ist nicht abgeleitet, ergibt sich nicht aus Schlussfolgerungen. Sie trifft uns. Wenn wir sie aussprechen und danach handeln, trifft sie auch andere. Sie wird angewandte schöpferische Erkenntnis. Sie ist schöpferische Philosophie.

Ohne Anwendung bleibt jede Erkenntnis leer. Vor allem kann sie schwerlich eine Erkenntnis sein, die aus dem Einklang mit der schöpferischen Urkraft kommt und aus dem Warten auf ihren Wink und Hinweis. Wir können unsere eigenen Erkenntnisse und die Erkenntnisse anderer daran überprüfen, ob sie zu einem Handeln führen, das Wesentliches bewirkt.

Was sich auf diesem Erkenntnisweg zeigt, ist, weil es schöpferisch ist, niemals vollkommen, niemals endgültig, niemals reine Wahrheit. Denn dem einen Schritt folgt der nächste. Auch vor diesem Schritt wartet man, bleibt in der Leere, bis uns der Einblick in die Richtung gewährt wird, den dieser nehmen muss.

Der nächste Schritt ist also: Nach dem Handeln ziehen wir uns sofort zurück und überlassen der schöpferischen Urkraft das Feld. Wir kehren in die Leere zurück, offen für den nächsten Einblick und den nächsten Anstoß.

Die Wahrheit

Die Frage ist nun: Wo liegt die Wahrheit, die erkannt wird? Ist sie in uns, oder kommt sie von außen und zeigt sich uns nur?

Martin Heidegger beschreibt die Wahrheit in Anknüpfung an die ursprüngliche Wahrheitserfahrung der Griechen als das Unverborgene, griechisch aletheia. Wahrheit ist hier das, was sich aus dem bisher Verborgenen entbirgt. Das heißt: die Wahrheit zeigt sich uns. Erst wenn wir sie sehen und annehmen, ist sie auch in uns und wir können uns nach ihr richten. Zum Beispiel können wir anschließend, nachdem die Wahrheit sich gezeigt hat, unsere Gedanken oder Begriffe so zügeln, bis sie mit dem Sachverhalt, der sich gezeigt hat, übereinstimmen. Wir können also an der erfahrbaren Wirklichkeit eine Wahrheit überprüfen und mit ihr experimentieren. Wenn ein Experiment wiederholbar ist, nennen wir diese Wahrheit wissenschaftlich. Auch das ist eine Anwendung der Wahrheit. Zweifellos hat dieser Umgang mit der Wahrheit zu großen Errungenschaften geführt und ist von Bedeutung.

Doch die wissenschaftliche Wahrheit ist nicht die ganze Wahrheit. Wo es um Wesentliches geht, zum Beispiel um den Frieden oder um Schicksal oder um das, was die Seele glücklich macht und erfüllt, oder wo es um Mut geht oder um die Weisheit oder um den Geist, lässt uns die wissenschaftliche Wahrheit im Stich. Auch wo es um das künstlerische Schaffen geht, zum Beispiel auch um die Staatskunst, gelingt das Handeln durch Einsichten, die sich im Augenblick des Handelns nicht nach etwas Gegebenem richten und an ihm überprüfen lassen. Denn es gibt noch keinen Sachverhalt, der überprüfbar wäre, weil erst die Einsicht einen Sachverhalt und ein Ergebnis schafft.

Diese Einsichten kommen aus dem Einklang mit etwas Verborgenem. Weil sie im Einklang sind mit etwas, das in allem gleichermaßen schöpferisch wirkt, sind es immer Einsichten, die zu Handeln führen, die Handeln möglich machen und es zugleich fordern.

Das Familien-Stellen

Auch das Familien-Stellen ist Kunst in diesem Sinn. Es kann daher auch nicht wissenschaftlich betrieben oder überprüft werden. Zwar kann man mit wissenschaftlichen Methoden bestimmte Ergebnisse mit den Ergebnissen anderer Vorgehensweisen vergleichen,[3*] doch sind die Aussagen, die dadurch gewonnen werden, so interessant sie auch sein mögen, ohne Auswirkung für die praktische Arbeit. Das heißt: auch wenn man sie weiß, helfen sie kaum, wenn es darum geht, den Schritt zu finden, der weiterführt. Auch wenn jemand eine Ausbildung gemacht hat, um das Familien-Stellen zu erlernen, kann er in einer konkreten Situation kaum auf diese zurückgreifen. Denn jeder neue Schritt ist einzigartig.

Damit will ich nicht sagen, dass eine solche Ausbildung ohne Nutzen ist, vor allem dann, wenn es dabei nicht nur um das Handwerkliche geht, sondern auch um das Mitgehen auf diesem Erkenntnisweg und die Einübung in das, was er an Wachstum und Läuterung verlangt und ermöglicht.

Was das Familien-Stellen betrifft, hat das Aufstellen zuerst von sich aus und für alle Beteiligten überraschend gezeigt, dass die Stellvertreter mit den Personen, die sie vertreten, in Kontakt kommen, ohne dass sie diese kennen. Es hat also gezeigt, dass es etwas gibt, was die Stellvertreter mit diesen Personen verbindet, ohne dass wir genau wussten, was dieses sein kann. Rupert Sheldrake nennt es „extended mind". Er spricht auch von einem morphischen Feld, in dem wir uns bewegen, in dem alles Frühere gespeichert ist und in die Gegenwart hereinwirkt. Das Gegenwärtige ist also mit dem Früheren in Resonanz, sowohl im Guten wie im Schlimmen. Seine Beobachtungen erklären für mich dieses Phänomen am ehesten.

Doch dann kamen über den phänomenologischen Erkenntnisweg wichtige Einblicke zum Familien-Stellen hinzu, die bestimmte Muster im Verhalten innerhalb eines Systems verständlich machen und Hilfen anbieten, wie konfliktträchtige Verhaltensweisen durchschaut und auf versöhnende Weise überwunden werden können. Das Ergebnis einer Aufstellung

---

3 zum Beispiel: Gert Höppner, „Heilt Demut – wo Schicksal wirkt? Evaluationsstudie zu Effekten des Familien-Stellens nach Bert Hellinger 2001. Profil Verlag München Wien. ISBN 3-89019-508-3.

wurde von vielen wie die Erlösung aus einer Gefangenschaft erlebt. Es schenkte ihnen die Freiheit, anders und auf eine erfüllende Weise zu handeln.

Die wichtigsten Einblicke auf diesem Erkenntnisweg im Zusammenhang mit dem Familien-Stellen betreffen das Gewissen und die Religion. Wir können nun besser verstehen, welche Rolle dem Gewissen zukommt und was es innerhalb von Gruppen und zwischen den Gruppen bewirkt. Und wir können besser verstehen, aus welchen Wurzeln unsere Gottesbilder kommen und was sie innerhalb einer Gruppe und zwischen den Gruppen bewirken. Aus diesen Einblicken ergeben sich weit tragende Folgen für unser menschliches Zusammenleben.

Die Grenzen

Doch gerade hier stößt die Anwendung dieser Erkenntnisse auf den größten Widerstand. Jene, die dem phänomenologischen Erkenntnisweg bis hierhin gefolgt sind und selbst Einblicke in diese Zusammenhänge gewonnen haben, die also nicht einfach die Einblicke anderer übernehmen, ohne sie selbst zu haben, müssen vorsichtig sein, wie und wem sie diese weitergeben und wie sie diese anwenden. Denn die Einsichten auf diesem Erkenntnisweg kann man nicht erwerben. Sie werden uns geschenkt.

Der andere Blick

Unsere Beziehungen sind weitgehend dadurch bestimmt, dass wir in einer Begegnung uns und den anderen als Einzelne wahrnehmen und uns als Einzelne begegnen. Wir schreiben also unsere und seine Gefühle, unsere und seine Reaktionen, uns als Einzelnen zu, ebenso unsere und seine Wünsche, unser und sein Verhalten. Daher erwarten wir auch, dass wir und der andere diese Gefühle und Reaktionen und diese Wünsche und dieses Verhalten in unserer Hand haben. Mit anderen Worten, wir erwarten, dass wir und der andere frei sind.

Du und ich

Wir und der andere sind aber Kinder unserer Eltern. Wir sind beide eingebunden in eine Familie, hinter der viele Ahnen stehen und weiterwirken, die von vielerlei unterschiedlichen Ereignissen und Schicksalen mitgenommen, festgelegt, in eine bestimmte Richtung gelenkt und getrieben wurden. Wir und der andere sind auf eine je eigene Weise eingeengt und verstrickt. Wir und er haben andere Grenzen und andere Möglichkeiten. Wir und er sind auf eine je andere Weise zu oder offen.

Ich muss also, wenn ich dem anderen begegne, über ihn hinaus schauen, auf seine Eltern, seine Geschwister, seine Ahnen und auf alles, was in dieser Familie geschehen ist, was in ihr erfolgreich beendet und was noch unerledigt ist, und was des guten Endes bedarf, das es abschließt und vorbei sein lässt.

Ich und du

Gleichermaßen begegne auch ich ihm nicht als Einzelner oder Einzelne. Durch mich begegnen ihm meine Eltern und Ahnen, alles, was in meiner Familie in der Vergangenheit geschah, was vollendet oder noch unvollendet ist und noch der Lösung und des Endes bedarf.

Ich ziehe mich als Person von ihm auf gewisse Weise zurück und stehe dem, was durch mich von weit her auf ihn wirkt, nicht mehr im Weg. Auch der andere, wenn ich ihm so begegne, steht als Einzelner dem, was durch ihn über mich hinaus blickt und über mich hinaus wirkt, nicht mehr im Weg. Dann läuft zwischen uns etwas ab, bei dem wir weniger Spieler als Zuschauer sind, zwar auch noch Teil des Spiels, ihm aber zugleich entrückt.

Das hat für unsere Begegnung eine befreiende Wirkung. Wir sind da und auch nicht da, engagiert und zugleich gelassen. Wir nehmen, was zwischen uns abläuft, nicht mehr so ernst und bleiben dem anderen und er für uns seltsam entzogen. Dennoch sind wir uns auf eine andere, viel innigere Weise verbunden.

Die geistige Ebene

Doch unser Blick geht noch weiter. Er muss weiter gehen, von mir und dem anderen noch umfassender gelöst. Denn wenn ich das Ganze im Blick habe, in dem alles aufgehoben ist und von dem alles letztlich bis ins Einzelne abhängt, dann schaue ich in allem über das Nahe und das Unmittelbare hinaus und begebe mich auf eine geistige Ebene. Hier ist alles gelöst. Nichts kann hier mehr gut sein oder schlecht, erhaben oder gemein, wichtig oder unwichtig, hoch oder niedrig, eng oder weit. Alles ist vorläufig, wird von einem nächsten Vorläufigen abgelöst und sinkt am Ende in etwas Bleibendes zurück. Auch jede Erkenntnis, jede Wahrheit sind vorläufig, jede Errungenschaft, genauso wie jedes Versagen, jede Unschuld und Schuld, jede Tugend und jedes Laster, jedes Recht und jedes Unrecht.

Dieser Blick ist daher rein und unbeschwert, absichtslos und ohne Furcht. Er ist mit dem Ganzen im Einklang und daher klar. Er erfasst in allem das Wesentliche, das, was uns am Ende mit dem Ganzen verbindet. Weil er dieses Wesentliche erfasst, führt er zu Handeln, das ihn und andere wissend mit dem Ganzen verbindet. Es ist ein Handeln, das ihn und andere vom Vordergründigen und Einzelnen löst und für das Wesentliche befreit. In diesem Handeln kommt die wesentliche Erkenntnis ans Ziel. Und sie kommt zur Ruhe. Doch nicht so, dass sie und das Handeln hier aufhören. Sie sind von einer anderen Strömung getragen, in ihr ruhend, erkennend und wirkend zugleich.

Der reine Blick

So, wie wir auf diese Weise anderen anders begegnen, können wir auch unserem Leib und unserer Seele anders begegnen. Einer Krankheit zum Beispiel oder einem Ereignis oder einer Verstrickung oder eigener und fremder Schuld. Wir schauen über sie hinaus. Auch hier sehen wir vom Einzelnen ab, lassen etwas anderes durch uns hindurch blicken und erfassen einen Zusammenhang jenseits von uns selbst. So können wir zum Beispiel beobachten, dass eine Krankheit in Verbindung stehen kann mit einer Person. Durch sie spricht diese Person zu uns, fordert von uns Aufmerksamkeit, Anerkennung, Dankbarkeit vielleicht und Liebe, Wiedergutmachung, Versöhnung und Abschied. Aber vielleicht nicht so sehr von uns als Einzelnen, sondern von unserer Familie und darüber hinaus von einer größeren Gruppe, deren Mitglied wir sind. Doch auch dieser Blick ist noch nicht weit genug. Auch hier ist der reine Blick verlangt, der auf das Ganze schaut und das Einzelne im Ganzen aufgehoben und vollendet weiß. Dann lässt die Krankheit vielleicht nach. Mit dem Leib und der Seele ist sie ins Geistige gehoben, anderen Kräften anheim gegeben und sowohl bedeutsam als auch bedeutungslos.

Vorausgesetzt allerdings, dass wir zuerst diesen Schritt vom Stofflichen und Seelischen in das Geistige vollziehen oder, genauer gesagt, uns in dieses Geistige mitnehmen lassen, auf geistige Weise erkennend und handelnd. Was immer wir mit unserem Körper tun, um ihm zu helfen, oder auch mit unserer Seele, lässt das Geistige in ihnen wirken und hebt sie über das Enge und das unmittelbar Bedrückende hinaus.

Verbunden und frei

So können auch Eltern über ihre Kinder hinaus auf das hinter ihnen mächtige Geistige blicken, ebenso die Kinder über ihre Eltern. Beide lassen dann etwas von ihren Sorgen los. Aber auch von ihren Erwartungen und Wünschen und sind im Geistigen auf eine andere Weise miteinander eins und zugleich voneinander frei.

Dieses hier ist angewande Philosophie in einem besonderen Sinn. Dennoch ist sie einfach, schlicht, das Schwere hinter sich lassend, tief und befreiend. Sie hat Kraft, ohne aufdringlich zu sein, und ist unerschöpflich, weil immer im Fluss. Sie ist die eigentliche Liebe.

Das Gewissen

Das Gewissen ist zunächst ein instinktives Wissen, das jedes auf andere Menschen bezogenes Handeln begleitet. Es ist:
1. Das Wissen um das, was notwendig ist, um dazuzugehören.
2. Das Wissen um das, was ich einem anderen schulde, wenn ich von ihm etwas bekommen habe und ich es von mir noch nicht durch eigenes Geben ausgeglichen wurde, oder wenn ich anderen etwas angetan oder weggenommen habe und zum Ausgleich nicht selbst in ähnlicher Weise leide oder etwas verliere.
3. Das Wissen um das, was ich einer Gruppe schulde, damit sie als Gruppe bestehen und handeln kann. Also das Wissen um das, was mein Beitrag zum Bestand und zur Weiterentwicklung einer Gruppe sein muss.

Das gute und schlechte Gewissen

Wie wissen wir, was das Gewissen von uns verlangt? Durch das Gefühl der Schuld und der Unschuld oder, anders gesagt, durch das schlechte und das gute Gewissen. Das schlechte Gewissen bewirkt, dass wir unser Verhalten ändern, sodass wir es wieder loswerden können. Danach hört das Gefühl der Schuld auf. Wir fühlen uns unschuldig und haben ein gutes Gewissen.

Das Gewissen gibt uns keine Inhalte vor. Es ist kein Wissen um das, *was* zu tun ist, sondern das Wissen um einen Zustand und ein Gefühl. Was wir im Einzelnen tun müssen, um das schlechte Gewissen zu verlieren und um die Unschuld zu bewahren oder wiederherzustellen, wird uns nicht vom Gewissen vorgegeben. Hier haben wir in der Wahl der Mittel eine gewisse Freiheit. Wir können also verschiedene Möglichkeiten ausprobieren und am Gefühl überprüfen, inwieweit sie uns helfen, das schlechte Gewissen wieder loszuwerden.

Das Gewissen ist also in erster Linie ein Gefühl, mit dessen Hilfe wir wahrnehmen, wie wir uns verhalten müssen, damit wir unsere Zugehörigkeit zu einer uns wichtigen Gruppe sichern.

Der Gleichgewichtssinn

Wir können das Gewissen vergleichen mit dem Gleichgewichtssinn. Mit Hilfe des Gleichgewichtssinns können wir jederzeit fühlen, wann wir das Gleichgewicht verloren und wann wir es wiedergewonnen haben. Auch hier werden keine Inhalte vorgegeben, was wir zu tun haben, sondern wir überprüfen an unserem Gefühl, ob unser Verhalten das Gleichgewicht wiederhergestellt hat oder nicht.

Mythen

Um das gute und schlechte Gewissen ranken sich viele Vorstellungen und Mythen, die sich nicht überprüfen lassen. Sie geben räumen dem Gewissen einen Stellenwert ein, der ihm von dem, was erfahrbar ist, nicht zukommt. Dazu gehört die Behauptung, das Gewissen sei Gottes Stimme in unserer Seele und dass wir ihm daher unter allen Umständen folgen müssen. Wenn dies so wäre, müssten alle Menschen das gleiche Gewissen haben, was offensichtlich nicht zutrifft. Sonst könnten sich ja bei einem Krieg oder anderen Konflikten die Gegner nicht mit dem gleichen guten Gewissen bekämpfen.

Das Gewissen sichert in erster Linie unsere Zugehörigkeit zu den uns wichtigen Gruppen, vor allem der Gruppen, von denen unser Überleben abhängt. Es bindet uns an diese Gruppen, was immer diese von uns auch verlangen.

Gewissen und Gruppe

Wir erleben uns ursprünglich als Teil einer Gruppe, so sehr, dass wir uns außerhalb dieser Gruppe als unvollständig und verloren erleben, vor allem dann, wenn wir uns keiner einer anderen ähnlichen Gruppe anschließen können. In den für unser Überleben wichtigen Gruppen dient jeder Teil dem Ganzen. Alle fühlen sich dem Ganzen zugehörig und verpflichtet und sind daher notfalls auch bereit, sich für das Ganze zu opfern. Der Einzelne kommt erst im Ganzen zu seiner Erfüllung, und er überlebt im Ganzen, selbst wenn er im Dienst des Ganzen untergeht.

Das Gewissen dient also weniger dem Überleben des Einzelnen als dem Überleben der Gruppe. Es ist in erster Linie ein Gruppengewissen. Nur wenn wir das erkennen und Ernst nehmen, verstehen wir viele Verhaltensweisen bei uns und bei anderen, die sonst seltsam oder abwegig erscheinen.

Um dazuzugehören, unternimmt der Einzelne alles, was in der ihm wichtigen Gruppe von ihm verlangt wird. Daher hat er, wenn er in dieser Gruppe seinem Gewissen folgt, kein unabhängiges Selbst und kein unabhängiges Ich. Was immer er als sein Selbst und sein eigenes Ich in der Gruppe erfährt, ist im Grunde das Selbst und das Ich der Gruppe. Daher geraten viele Menschen in einer Gruppe so schnell außer sich und verlieren ihre Besonnenheit und ihr Unterscheidungsvermögen. Vor allem werden sie dann oft guten Gewissens für andere unheimlich und gefährlich.

Die Gewissensfurcht

Die Dominanz der Gruppe über den Einzelnen führt zu kollektiven Überzeugungen und zu kollektivem Handeln, die nüchterner Betrachtung nicht standhalten, diese aber zugleich verhindern und verbieten. Hier wird deutlich, welche Leistung es dem Einzelnen abverlangt, sich aus den Fesseln des Gruppengewissens und seiner Vorgaben zu lösen. Er muss die Furcht vor den Sanktionen überwinden, die ihm von denen, die in den Überzeugungen und Vorgaben ihrer Gruppe verharren, angedroht und auferlegt werden Erst jenseits dieser Furcht kann er sich der Wirklichkeit aussetzen, wie sie sich von sich aus zeigt, und kann jenseits des Gewissens jene Einsichten gewinnen, die ihn andere aus der Blindheit und den Zwängen des Gewissens befreien., wenn auch vielleicht nur zum Teil.

Das unbewusste Gewissen

Neben dem Gewissen, das wir fühlen, gibt es ein unbewusstes Gewissen, dessen Gesetze wir nur über ihre Wirkungen in einer Gruppe erkennen. Dieses Gewissen ist dem Gefühl weitgehend entzogen. Vor allem deshalb, weil das Gewissen, das wir als schlechtes und als gutes Gewissen fühlen, das Gefühl für dieses andere Gewissen überlagert und es so ins Unbewusste verdrängt.

Mehr noch als das für uns fühlbare Gewissen ist dieses unbewusste Gewissen ein Gruppengewissen. Es ist ein kollektives Gewissen, ein der Familie gemeinsames Gewissen.

Das gleiche Recht auf Zugehörigkeit

Dieses kollektive Gewissen setzt zwei grundlegende Gesetze durch.

Das erste Gesetz lautet: *Jedes Mitglied der Gruppe hat gleiches Recht auf Zugehörigkeit*. Im Gegensatz zum Gewissen, das wir fühlen, erlaubt dieses Gewissen keinen Ausschluss von Mitgliedern. Daher können sich alle Mitglieder einer Gruppe im Geltungsbereich dieses Gewissens sicher fühlen. Wo dennoch ein Mitglied ausgeschlossen wird – oft unter dem Einfluss des Gewissens, das wir fühlen – ersetzt das kollektive Gewissen das ausgeschlossene Mitglied durch ein späteres Mitglied der Gruppe. Dieses Mitglied fühlt und verhält sich wie das ausgeschlossene, ohne dass es ihm und anderen in der Gruppe bewusst wird.

Das kollektive Gewissen wacht also über die Vollständigkeit der Gruppe. Und es will die Vollständigkeit wiederherstellen, wo sie verloren ging. Dabei nimmt es keine Rücksicht auf die Gründe, die zum Ausschluss geführt haben. Daher ist dieses Gewissen im Unterschied zum gefühlten Gewissen a-moralisch oder, genauer gesagt, vor-moralisch. Es ist ein archaisches Gewissen, das den Unterschied von Gut und Böse im moralischen Sinne noch nicht kennt.

Das kollektive Gewissen versucht, die Vollständigkeit der Gruppe wiederherzustellen ohne Rücksicht auf die Schuld oder Unschuld des Mitglieds, das den Ausgeschlossenen später vertreten und dadurch wieder in die Gruppe zurückholen muss. Es ist auch in dieser Hinsicht a-moralisch.

Auf der anderen Seite ist das kollektive Gewissen dem Gewissen, das wir fühlen, moralisch überlegen, weil für dieses Gewissen die Vollständigkeit der Gruppe und das Überleben jedes einzelnen Mitglieds in der Gruppe Vorrang hat. Das heißt: im Gegensatz zum moralischen Gewissen, das über Zugehörigkeit und Ausschluss der Mitglieder einer Gruppe und letztlich sogar über deren Leben oder Tod entscheidet, schützt dieses unbewusste Gewissen das Leben aller Mitglieder der Gruppe auch gegen den Spruch des moralischen Gewissens.

Doch nicht alle Mitlieder der Familie werden vom kollektiven Gewissen erfasst und in den Dienst genommen. Welche Mitglieder, das habe ich im Kapitel *Die*

Seele im Abschnitt *Die gemeinsame Seele* bereits beschrieben. Ich zähle sie aber noch einmal auf. Es sind:

1. Die Geschwister: alle, auch die tot geborenen und die abgetriebenen.
2. Die Eltern und ihre Geschwister, aber nicht deren Partner und Kinder.
3. Die Großeltern, doch ohne ihre Geschwister, abgesehen von seltenen Ausnahmen.
4. Der eine oder andere der Urgroßeltern.
5. Aus den Generationen noch weiter zurück, die Mörder und ihre Opfer, wenn sie Mitglieder der Familie waren.
Darüber hinaus gehören auch Nicht-Blutsverwandte zu dieser Familie. Es sind vor allem jene, die für ein blutsverwandtes Familienmitglied Platz gemacht haben. Zum Beispiel:
6. Frühere Partner von Eltern oder Großeltern.
7. Alle, durch deren Verlust die Familie einen Gewinn hatte.
Es gehören dazu aber auch:
8. Die Mörder von Opfern aus der Familie, auch wenn sie selbst nicht Mitglieder der Familie waren. Ebenfalls die Opfer von Mördern aus der Familie, auch wenn sie nicht zur Familie gehörten.

Wie ist es möglich, die Reichweite des kollektiven Gewissens so genau zu erkennen? Weil wir beim Familien-Stellen beobachten können, dass nur diese Mitglieder später von anderen Familienmitgliedern vertreten werden.

Frühere und Spätere

Das kollektive Gewissen wacht noch über ein zweites Gesetz. Dieses Gesetz ist ebenfalls archaisch und steht im Dienst des Zusammenhalts und des Überlebens der Gruppe, die es erfasst. Dieses Gesetz lautet: *Wer früher schon ein Mitglied der Gruppe war, hat Vorrang vor denen, die später dazugekommen sind.*

Was ist der Sinn dieses Gesetzes, und was bewirkt es?

Dieses Gesetz weist jedem Mitglied einen Platz zu, wie er seinem Lebensalter entspricht. Obwohl dieses Gesetz von außen her gesehen hierarchisch erscheint, ist es ein vollkommenes Modell der Gleichheit. Denn jedes Mitglied hat im Lauf seines Lebens die gleichen Entwicklungs- und Aufstiegsmöglichkeiten. Diese Möglichkeiten brauchen nicht errungen oder erkämpft werden. Sie ergeben sich von selbst mit der Zeit.

Daher sichert dieses Gesetz den inneren Frieden und den Zusammenhalt einer Gruppe. Es verhindert die Rivalitäten und den Machtkampf um eine höhere Position und ist daher für das Überleben einer Gruppe, in der jeder auf jeden angewiesen ist, das grundlegende Ordnungsprinzip.

Wer dieses Gesetz übertritt, wird für die Gruppe zu einem Feind von innen, der ihr Überleben gefährdet. Daher verliert er sein Recht auf Zugehörigkeit und wird unter dem Druck des kollektiven Gewissens aus der Gruppe verstoßen. In alter Zeit bedeutete das natürlich auch, dass er nicht überleben konnte. Wo es um das Überleben der Gruppe geht, hört auch für dieses Gewissen das Recht auf Zugehörigkeit für den, der das Überleben gefährdet, auf.

Vielleicht ist es wichtig, darauf hinzuweisen, dass es sich bei, dem, was ich hier beschreibe, um Beobachtungen handelt. Denn dieses Gesetz wirkt heute noch in den Familien mit gleicher Härte. Denn die Familientragödien beginnen dort, wo ein Mitglied gegen dieses Gesetz verstößt.

Die Tragik

Die Tragödien folgen dem gleichen Grundmuster. Bei den griechischen Tragödien zum Beispiel, aber auch bei den Familientragödien werden wir Zeuge, wie ein später Dazugekommener sich einmischt in die Angelegenheiten eines anderen Mitglieds, das schon vor ihm da war, vor allem dadurch, dass er etwas für dieses Mitglied übernehmen will, was ihm als Späterem nicht zukommt. Es sind vor allem die Kinder oder die Enkel, die für ihre Eltern oder Ahnen etwas auf sich nehmen wollen, zum Beispiel eine Schuld oder einen Auftrag oder eine Sühne. Dabei tun sie etwas für die einen und gegen die anderen in der Familie. Sie folgen dabei ihrem Gewissen und fühlen sich unschuldig und gut. Gleichzeitig verstoßen sie damit gegen das zweite Gesetz des kollektiven Gewissens. Sie merken es aber nicht, weil das Gewissen, das sie fühlen, diese Übertretung fordert und sie dafür mit dem Gefühl des Rechtes und der Unschuld belohnt. Doch vom kollektiven Gewissen werden sie mit Scheitern oder Untergang bestraft. Deswegen enden die großen Tragödien in der Regel mit dem Tod des Helden.

Die tragischen Helden sind in ihrem Herzen Kinder, die etwas für die tun wollen, die vor ihnen da waren. Das ist die Hybris, die Anmaßung, mit der alle Tragödien beginnen und daher auch aussichtslos enden.

Auswege

Aus den Einsichten in die Funktionen dieser beiden Gewissen verstehen wir aber auch, wo es Auswege und Lösungen gibt.

Aus den Einsichten in die Funktionen dieser beiden Gewissen, die sich einerseits entgegenstehen und andererseits ergänzen, ergeben sich weit tragende Folgen für das menschliche Zusammenleben. Erst über diese Einsichten verstehen wir sowohl in unserem Verhalten als auch im Verhalten anderer das oft Unvernünftige oder das Blinde und Mörderische. Erst über diese Einsichten verstehen wir auch die Hintergründe von manchen Krankheiten und von Selbstmord, oder die Machtkämpfe, bei denen am Ende alle verlieren.

Der Einklang

In der auf diesem Weg erreichten Einsicht, wachsen wir über die Grenzen unseres Gewissens hinaus, vor allem über die Grenzen, die es unserer Wahrnehmung setzt. Doch ohne dass wir uns den Gruppen, denen wir angehören, zu entziehen brauchen. Denn auch diese Einsichten dienen unseren Gruppen und ihrer Weiterentwicklung. Sie helfen unserer Gruppe sich auch anderen Gruppen und anderen Einsichten und Möglichkeiten zu öffnen, vor denen sie sich unter der Herrschaft des persönlichen Gewissens bisher verschloss.

Dennoch, die Zugehörigkeit zu unserer Gruppe ist ein hohes Gut und im Zusammenhang damit auch das Überleben unserer Gruppe. Wir können und dürfen uns ihr nicht entziehen, weil auch unser Überleben von ihr abhängt. Daher wenden wir die Einsichten, die wir über das Gewissen gewonnen haben, auch innerhalb unserer Gruppe an und fügen uns bis zu einem gewissen Grad diesem Gewissen als der Kraft, welche die Gruppe zusammenhält.

Die Weiterentwicklung des Gewissens

Da aber das Gewissen nicht Einsicht und Wissen im philosophischen Sinne ist, sondern Wahrnehmung über das Gefühl, inwieweit unser Verhalten unsere Zugehörigkeit sichert oder gefährdet, kann sich das Gewissen, was die Inhalte betrifft, auf die es reagiert, auch ändern und weiterentwickeln. Dies hat sich in der Geschichte laufend gezeigt. Was unsere Vorfahren vielleicht noch guten Gewissens getan haben, zum Beispiel mit Begeisterung in einen Krieg zu ziehen, das ist uns heute kaum mehr nachvollziehbar. Daher achtet der Philosoph, der auf seinem Erkenntnisweg neue Einsichten gewinnt, die unter dem Einfluss des Gewissens bisher nicht wahrgenommen und anerkannt werden durften, auch das Gewissen als eine Wirklichkeit und wartet, bis sich ihm auch von dieser Wirklichkeit her etwas zeigt, das ihm ein diesen neuen Einsichten gemäßes Handeln erlaubt.

Das geistige Gewissen

Auch der Geist ist in Verbindung, aber mit allem, auch mit den Gegensätzen. Auch der Geist nimmt unmittelbar wahr, ob er noch mit allem, wie es ist, in Verbindung und im Einklang ist oder nicht. Da aber der Geist mit allem im Einklang ist, hört für ihn die Parteinahme für das eine und gegen das andere auf.

Wie nehmen wir auf der Ebene des Geistes den Einklang und die Verbindung wahr? Und wie nehmen wir wahr, ob die Verbindung aufhört oder gefährdet ist und wir nicht mehr im Einklang sind?

Der Einklang ist gesammelt und allem zugewandt, wie es ist. Er bleibt in der Liebe für alle und alles, wie es ist. Jede Beeinträchtigung und der Verlust des Einklangs wird als Unruhe erfahren. Auch hier finden wir daher wie beim instinktiven Gewissen eine fühlbare Antwort von unwohl und unruhig, vergleichbar der Schuld und dem schlechten Gewissen.

Und wir haben auf der Ebene des Geistes ein Gefühl von Ruhe und Sicherheit, wenn wir uns mit allem verbunden und ihm getragen wissen, vergleichbar dem Gefühl der Unschuld beim guten Gewissen. Doch es ist ein geistiges Gefühl, wenn auch nicht nur, denn es geht einher mit Einsicht und ist wach und weit.

Im Gegensatz zum instinktiven Gewissen ist es ohne Furcht und ohne Eifer. Das Handeln aus dem geistigen Gewissen verbindet, wo das andere Gewissen trennt. Es dient dem Frieden für alle.

Was das beinhaltet, beschreibe ich im folgenden Text

Alles

Alles kann nur alles sein, weil es mit allem verbunden ist. Daher ist jedes mit allem verbunden. Nichts kann daher einzeln sein. Einzeln ist es nur, weil es mit allem verbunden ist, weil in ihm auch alles andere da ist. Daher bin auch ich gleichzeitig alles. Alles kann nicht ohne mich sein, und ich nicht ohne alles.

Was heißt das für die Art und Weise, wie ich lebe, die Art und Weise, wie ich fühle, die Art und Weise, wie ich bin? Ich sehe in jedem Menschen alle Menschen und damit in ihm auch mich. Ich fühle in mir auch alle anderen Menschen, jeden wie er ist. In jedem Menschen begegnen mir alle Menschen und in ihnen auch ich.

Wie könnte ich daher in ihnen etwas ablehnen, ohne dass ich in ihnen auch mich ablehne? Wie kann ich mich an ihnen freuen, ohne dass ich mich in ihnen auch über mich freue? Wie könnte ich einem anderen Gutes wünschen, ohne es zugleich auch mir und allen anderen Menschen zu wünschen? Wie kann ich mich lieben, ohne auch alle anderen Menschen zu lieben?

Wer in allen alle sieht, sieht in ihnen auch sich, begegnet in ihnen auch sich, findet in allen auch sich. Wer daher anderen schadet, schadet auch sich. Wer andere verletzt, verletzt auch sich. Wer andere fördert, fördert auch sich. Wer anderen ewas vorenthält, enthält es auch sich vor, und wer sie mindert, mindert auch sich.

Wer andere wirklich liebt, liebt sie alle. Nächstenliebe ist daher zugleich Allesliebe, einschließlich der Liebe zu sich selbst. Sie ist die reine Liebe und die erfüllte Liebe, weil sie in allem alles hat, vor allem auch sich selbst.

Entlastungen

Die Sorge um uns

Entlastet fühlen wir uns, wenn etwas, was uns bedrückt und niedergedrückt hat, gleichsam von unseren Schultern genommen wird. Dann können wir aufatmen und uns unbeschwert bewegen.

Doch was ist es, das uns so belastet? Es sind einmal die Sorgen, die wir uns um unseren Lebensunterhalt machen und natürlich auch machen müssen. Wenn wir aus diesen Sorgen heraus handeln und unseren Lebensunterhalt bestreiten und ihn sichern können, sind wir von diesen Sorgen entlastet, sind sorgenfrei.

Die Sorge um andere

Uns belasten aber auch die Sorgen um andere. So machen sich die Eltern Sorgen um ihre Kinder, die Kinder machen sich Sorgen um ihre Eltern, und Mann und Frau in einer Partnerschaft machen sich Sorgen umeinander. Wenn diese Sorgen zu einem Handeln führen, das dem anderen eine Sorge abnimmt, entlastet es beide: jene, die sich Sorgen gemacht haben, und auch jene, um die sich die anderen Sorgen gemacht haben.

Manchmal belasten diese Sorgen den anderen auch, engen ihn ein und hindern ihn, unabhängig zu handeln. Statt nach vorn zu blicken und selbst zu handeln, blickt er zurück auf jene, die sich um ihn Sorgen machen. Er sorgt sich eher um sie als um sich selbst. Auch hier wird die Sorge gegenseitig, aber so dass sie beide eher belastet als sie entlastet.

Die Furcht

Wir werden vor allem durch unsere Vorstellungen belastet. Zum Beispiel durch die Vorstellung, was richtig und falsch ist. Wir gewinnen diese Vorstellungen ja in der Regel nicht durch Einsicht, sondern aus den Reaktionen unseres Gewissens. Diese sind von der Furcht geprägt, wir könnten die Liebe oder das Wohlwollen anderer verlieren, vor allem derer, von denen wir uns abhängig und denen wir uns ausgeliefert fühlen, oft ohne es wirklich zu sein. Entlastung schaffen hier die Einsicht in die Grenzen des Gewissens und der Schritt von der Abhängigkeit in das selbst verantwortete Handeln, Handeln im Blick auf das jenseits der Grenzen des Gewissens Gute und Gemäße.

Die Schuld

Besonders belastet fühlen wir uns durch persönliche Schuld, wenn wir anderen etwas angetan haben, das ihnen geschadet hat, und wenn wir ihnen Unrecht getan haben. Zum Beispiel wenn wir ihre Abhängigkeit zu ihrem Schaden ausgenutzt haben. Aber auch, wenn wir denen, die uns etwas Gutes getan haben, nicht in gleicher oder in angemessener Weise etwas zurückgegeben haben, und seien es auch nur der Dank und die Wertschätzung gewesen. Dann suchen wir Entlastung auf verschiedene Weisen. Einige davon sind erfolgreich, zum Beispiel die Wiedergutmachung oder der aufrichtige Dank. Auch das Zugeben der Schuld und der Schmerz über das zugefügte Unecht können uns zumindest teilweise von der Schuld entlasten.

Die Sühne

Ein anderer, weit verbreiteter Versuch, uns von einer Schuld zu entlasten, ist die Sühne. Sühne heißt, dass auch ich mir einen Schmerz zufüge, ähnlich dem Schmerz, den ich dem anderen zugefügt habe. Die Sühne ist immer ein Verzicht, zum Beispiel auf einen Gewinn, auf Liebe, auf Anerkennung. Oft auch auf Gesundheit und selbst auf das Leben. Die Sühne entlastet insofern, als sie entsprechend dem Bedürfnis nach Ausgleich, den Ausgleich nach dem Ausmaß des Schadens erreicht.

Somit wird sie als eine persönliche Entlastung erlebt. Aber auch der, dem jemand geschadet hat, erlebt dessen Sühne manchmal als entlastend, oft so, dass er sich über den Schaden des anderen freut und sogar über ihn triumphiert im Sinne von: „Das geschieht ihm Recht." Der Schaden des anderen wird als Entlastung gefühlt. In Wirklichkeit ist diese Entlastung unmenschlich.

Wirklich entlastend kann nur sein, was dem anderen, an dem ich schuldig wurde, dient. Das kann nur ein Handeln sein, das ihm und mir und der Gruppe, der wir angehören, einen Vorteil bringt, der sie voran bringt und ihr eine Sorge nimmt. Die Schuld liefert die Energie, die für solches Handeln gebraucht wird. So wird das, was vorher eine Last war, zu einer Kraft.

DIENEN

Die Gerechtigkeit

Doch auch wir selbst werden durch die Schuld von anderen belastet, wenn sie uns schaden oder Unrecht tun. Oft suchen auch wir den Ausgleich durch die so genannte Gerechtigkeit. Das heißt, wir wollen, dass auch der andere einen Schaden erleidet, der das Unrecht ausgleicht. Damit werden auch wir unmenschlich. Denn diese Entlastung trennt satt dass sie verbindet.

Wer aber dem erlittenen Schaden und dem erlittenen Unrecht zustimmt, vor allem im Hinblick darauf, dass auch er an anderen schuldig wurde, gewinnt er aus dem Schaden und dem Unrecht ähnlich wie der Schuldige die Kraft und Energie zu Handeln, das anderen dient und sie vorwärts bringt. Die Wirkung dieses Handelns zeigt sich darin, dass es ihn menschlicher macht, nachsichtig und mehr mit seiner eigenen und anderen Gruppen verbunden. Es entlastet ihn von den Folgen der Schuld anderer an ihm auf besondere Weise. Gleichzeitig ist er daran gewachsen.

Die Wiedergutmachung

Natürlich dient es dem Ganzen auch, wenn man den Ausgleich auch durch Wiedergutmachung sucht. Aber dann ohne Affekt, ohne bis zum Letzten zu gehen, da man innerlich ja aus dem Schaden bereits Kraft gewonnen hat und das Verlorene weitgehend hinter sich ließ. Man ist also schon vor dieser Auseinandersetzung entlastet. Daher fügt der Ausgang dieser Auseinandersetzung der Entlastung nichts mehr hinzu, noch kann er ihr noch etwas wegnehmen.

Der Wahn

Über die Vorstellung, was richtig und falsch ist, werden wir aber noch auf eine ganz andere und mehr umfassende Weise belastet. Denn die Gruppe, der wir angehören und der wir, um zu leben und zu überleben, angehören müssen, wird von Vorstellungen beherrscht, die oft der unmittelbaren Wahrnehmung widersprechen. Zum Beispiel magische Vorstellungen von dem, was hilft oder schadet, die Furcht vor Einflüssen, die von

Generation zu Generation weitergegeben werden, aber jeder Vernunft widersprechen. Zum Beispiel dass die Einhaltung bestimmter Gebote und Riten das Leben sichert, vor allem auch das Leben nach dem Tod. Dazu gehören viele religiöse Vorstellungen und Traditionen. Wir bewegen uns hier also in einem geistigen Feld, das bestimmte Wahrnehmungen verhindert, ja sogar unter Strafe stellt, sodass selbst der Gedanke daran gefürchtet und unterdrückt wird. Zum Beispiel der Gedanke, der im Christentum auch heute noch weit verbreitet ist, dass Gott blutige Opfer will oder wollte, wie etwa den Tod seines so genannten Sohnes und das Martyrium, das Blutzeugnis seiner Jünger. Das Widersprüchliche dieser Gedanken wahrzunehmen oder sie sogar auszusprechen, macht Angst, vor allem die Angst, aus der Gruppe ausgeschlossen zu werden. Dennoch bedeuten sie für den, der sie zu denken wagt, eine Entlastung, selbst wenn er sie nur heimlich denkt.

Geistige Freiheit

Denken kann sie eigentlich nur ein Philosoph, einer der durch seine Wahrnehmung und seine Wesenserkenntnis ein hohes Maß geistiger Freiheit gewonnen hat. Doch schon dadurch, das solche Gedanken gedacht werden, und noch mehr, wenn sie, wenn am Anfang auch nur im kleineren Kreis, ausgesprochen werden, verändert sich das geistige Feld einer Gruppe und eröffnet auch anderen den Zugang zu dieser entlastenden Freiheit.

Die Verstrickungen

Am tiefgreifendsten werden wir aber durch unsere unbewussten Verstrickungen in die Schicksal unserer Familie belastet. Zum Beispiel wenn wir, ohne dass es uns bewusst wird, das Schicksal eines von der Familie Ausgeschlossenen übernehmen müssen, sodass wir auf einmal fühlen wie er, uns verhalten wie er, unglücklich werden wie er und vielleicht sogar sterben wie er. Hinter diesen Verstrickungen wirken mächtige Bedürfnisse überpersönlicher Art, die den Einzelnen ergreifen und in ihren Bann ziehen. Auch hier wirken Gewissenskräfte, die so sehr als eigene Kräfte gefühlt und erfahren werden, dass der Abstand von ihnen und ihre Betrachtung von außen nur durch besondere geistige Anstrengung gelingen. Mit andern Worten, auch diese Anstrengung gelingt nur über einen philosophischen Erkenntnisweg. Erst durch ihn werden die Gesetze, die diese Verstrickungen bewirken, ans Licht gebracht und durchschaut. Erst über diesen philosophischen Erkenntnisweg gelingt die Entlastung auch dieser von uns bis dahin schicksalhaft erlebten Verstrickungen und ihrer Folgen.

Die Religionen

Die Religion wird gedacht und vollzogen. In den Religionen wird sie konkret gedacht als religiöse Lehre, und sie wird vollzogen im konkreten Tun: als Gebet, als Ritus, als Hingabe, als Opfer.

Die Gottesbilder

Die Inhalte der verschiedenen Religionen unterscheiden sich, vor allem ihre Gottesbilder. Ihre Gottesbilder sind Bilder von dem, was hinter allem als wirkend angenommen wird. Aus diesen Bildern ergeben sich die einzelnen Lehren, auch die einzelnen Gebote und Verbote, die den Einzelnen und seine Gruppe in Verbindung mit dieser hinter allem wirkenden Kraft bringen sollen, und die den Einzelnen und seine Gruppe schützen sollen, die Verbindung zu dieser Kraft zu verlieren.

Viele dieser Bilder und die sich aus ihnen ergebenden Hoffnungen und Ängste und Vollzüge gehen auf Vorstellungen und Traditionen zurück, deren Herkunft sich im Dunkel verliert. Aber nur scheinbar. Denn ihren Ursprung haben sie in der menschlichen Seele. Nicht in der einzelnen Seele, sondern in einer vielen gemeinsamen Seele, einer kollektiven Seele, in der viele gleichzeitig miteinander verbunden und miteinander in Resonanz sind. Es sind aber nur bestimmte Menschen, die durch diese Seele zusammengehalten werden. Sie sind miteinander im engen oder weiteren Sinne blutsverwandt. Ihr Gottesbild unterscheidet sich wenig von einem Ahnherrn oder einer Urmutter, mit denen sie der gleiche Ursprung verbindet. Ihre Religion ist eine Stammesreligion.

Diese Bilder sind zwar auch ein Bezug zu einer hinter allem wirkenden Lebenskraft, allerdings vordergründig, sinnlich, ganz auf Gesundheit und Fruchtbarkeit ausgerichtet und zutiefst magisch. So wie der Einzelne durch Speisen und Getränke am Leben erhalten wird, so auch der Ahnherr und die Ahnmutter, der Stammesgott und die Stammesgöttin. Sie werden auch durch blutige Opfer ernährt, manchmal sogar Menschenopfern, um sie den Lebenden gnädig zu stimmen. Diese Götter sind durch diese Opfer beeinflussbar, so weit, dass sie dem Einzelnen und der Gruppe durch solche Riten und Vollzüge dienstbar gemacht werden können. Sie sind magisch manipulierbar.

Die Offenbarungsreligionen

Auch die großen, heute noch einflussreichen Religionen gehen auf solche Ursprünge zurück, vor allem die jüdische Religion, das aus ihr entstandene Christentum und der Islam. Diese Religionen sind Offenbarungsreligionen. Das heißt, in ihnen wird Gott durch von ihm auserwählte Propheten verkündet. Im Judentum durch Moses, im Christentum durch Jesus, im Islam durch Mohammed. Sie verkünden Gott als den einzigen Gott und sich als seine Offenbarer. Daher ist ihr Wort Gottes Wort und ihr Handeln ist Gottes Handeln. In ihrem Handeln wird Gottes Wille vollstreckt.

Ihr Wort wird schriftlich niedergelegt. Von Moses zuerst auf steinerne Tafeln, dann, in seiner Nachfolge in den Schriften des Alten Testaments. Von Jesus durch seine Jünger im Neuen Testament. Von Mohammed im Koran. Daher heißen diese Religionen auch Schriftreligionen.

Diese Religionen gehen über die ursprünglichen Stammesreligionen hinaus, indem sie ihre Anhänger auch durch moralische Vorschriften aneinander binden. Daher haben sie für ihre Anhänger auch einen hohen Gemeinschaft stiftenden Wert.

Dennoch wirkt auch in ihnen der ursprüngliche Ahnenkult und die Ahnenverehrung weiter, nur etwas erhöht und erweitert. Das Christentum und der Islam verkünden zwar ihren Gott als den einzigen Gott für alle Menschen, aber gleichzeitig versuchen sie andere Völker diesem Gott zu unterwerfen, auch mit Gewalt, als sei er vor allem ihr Gott und nicht der Gott aller Menschen. Daher trägt ihr Gott trotz des universellen Anspruchs weiterhin die Züge eines Ahnherrn.

Auch unterscheiden sich ihre Riten und die hinter ihnen wirkenden magischen Vorstellungen nur wenig von denen der alten Stammesreligionen. Zum Beispiel muss der Gott des Christentums durch ein Menschenopfer versöhnt werden. Auch die Vorstellung, dass man Gott durch Gebet und Opfer beeinflussen und dadurch Unheil abwenden kann, wirkt in ihnen unvermindert weiter.

Auch im Buddhismus, der ja ohne ein Gottesbild auskommt, finden wir ähnliche magische Vorstellungen und Riten. Zum Beispiel, dass man sein schlimmes Karma durch Meditation und Entsagung verändern kann und muss. Nur ist hier die magische Anstrengung mehr in das eigene Tun als auf beschwichtigende und versöhnende Opfer verlegt.

Die Gottesfamilie

Allen diesen Religionen ist eines gemeinsam. Sie sind für ihre Anhänger wie eine erweiterte Familie. Daher verhalten sie sich in ihnen weitgehend wie Kinder, die bei ihrem Vater oder ihrer Mutter Schutz suchen und Halt. Nur rückt er in ihnen zunehmend in immer weitere Fernen.

Auch die Atheisten, wenn sie die Religion bekämpfen, bleiben in diesen Vorstellungen gefangen. Auch sie gleichen Kindern, allerdings solchen, die sich gegen ihre Eltern auflehnen und sich von ihnen lösen wollen.

Auch die Kirchenkritiker und die Reformbewegungen im Christentum wollen die Kirche so verändern, dass sie sich in ihr wie in einer Familie wieder wohler und heimischer fühlen. Auch sie bleiben ihr gegenüber Kinder und, wie Kinder, an sie und ihren Gott gebunden.

Das religiöse Feld

Wie ist es möglich, dass diese Zusammenhänge in den Religionen so wenig reflektiert und wahrgenommen werden? Weil ihre Anhänger sich in einem geistigen Feld bewegen, in dem alle miteinander in Resonanz sind. Rupert Sheldrake nennt diese Felder morphisch, weil sie eine feste Struktur haben. Diese Felder wollen diese Struktur verteidigen. Daher sind in ihnen nur bestimmte Wahrnehmungen erlaubt und möglich. Andere, die den Zusammenhalt des Feldes gefährden würden, bleiben draußen vor. Hier ist das Feld blind.

Solche geistigen Felder finden wir auch außerhalb der Religionen. Zum Beispiel bilden manche politischen Parteien ein solches Feld, oder Bünde wie die Freimaurer, oder auch wissenschaftliche Schulen, oder die dominierende öffentliche Meinung. Wer ihnen angehört und folgt, findet in ihnen Schutz und Halt wie in einer Familie und wird in ihnen zum Kind. Allen diesen Feldern ist gemeinsam, dass sie die Reflexion, die ihren Bestand gefährden könnte, verhindern und verbieten.

Der Erkenntnisweg

Können wir uns aus solchen Bindungen lösen? Sollen wir es sogar? Wer es vorschreiben wollte, schafft damit nur ein neues Feld mit eigenen Anhängern, stiftet eine neue Religion und wird auf diese Weise anderen Stiftern gleich.

Doch vielleicht gibt es einen Weg der Erkenntnis und des Handelns, der uns aus diesen Bindungen auf eine höhere Ebene führt. Auf eine universelle, allgemeine Ebene, die alle anderen Ebenen mit einschließt und sie dadurch auch hinter sich lässt. Es ist dies für mich der phänomenologische Erkenntnisweg, wie ich ihn in diesem Buch beschrieben habe und dem ich auch in diesem Kapitel gefolgt bin.

Auf diesem Weg setze ich mich allen religiösen Phänomenen gleichermaßen aus. Doch auf Abstand und ohne Absicht, und vor allem ohne Furcht. Zuerst setze ich mich den Gottesbildern aus. Haben sie, wenn ich mich der Welt aussetze, wie sie ist, und vor dem, was diese Welt in allem bewegt, Bestand? Sind diese Gottesbilder nicht alle Menschenbilder? Nicht nur in dem, dass sie von Menschen gemacht sind, sondern auch in dem, was sie darstellen? Finden wir in ihnen etwas anderes als das gewöhnliche Menschliche, nur etwas überhöht und übertrieben? Was sind denn die Bilder von Gott als Vater, Mutter, Herrscher, König, Richter und die Bilder von Zorn und Besänftigung, Liebe und Eifersucht, Geben und Nehmen im Ausgleich, Erwählung und Verwerfung anderes als menschliche Bilder und menschliches Verhalten in einem etwas überhöhten Sinn? Wieso sollen wir Gott preisen und ihm danken, ihn fürchten und vor ihm zittern, ihn bitten und um seine Gunst buhlen, für ihn auch in den Kampf ziehen und sogar für ihn sterben? Widerspricht dies nicht jeder Vernunft? Dennoch bleiben diese Bilder, weil sie die Bilder eines Feldes sind, dem wir uns nur schwer entziehen können, auch in vielen nachdenklichen Menschen wirksam.

Die Riten

Und wie steht es mit den Riten? Mit dem Bitten, Sühnen, Opfern? Sind sie nicht der Ausfluss eines kollektiven Wahns, von Urängsten genährt? Was aber ist die Urangst wirklich? Sie ist die Angst, von den Eltern verlassen und verstoßen zu werden. Sie wird hier auf ein überhöhtes Elternbild übertragen.

Und ist die Sünde, die ja in diesen Vorstellungen und Riten eine so große Rolle spielt, etwas anderes als ein Verhalten, das gegen die Regeln der Familie verstößt, nun auf einen Ahnherrn oder eine Urmutter übertragen? Und was ist die Sündenangst anderes als die Angst, die Zugehörigkeit zur Familie zu verlieren, hier nur auf die Gemeinschaft der Gläubigen erweitert?

Die andere Andacht

Erkennen können wir das. Können wir uns auch davon lösen? Vielleicht in einem gewissen Maß, wenn wir bereit sind, auf dem Erkenntnisweg die Schritte zugehen, die zur leeren Mitte führen. Es ist dies der Weg der Reinigung über die Nacht der Sinne, die Nacht des Geistes, die Nacht des Willens und die dunkle Nacht der Seele. Innerhalb der großen Religionen sind ihn viele Einzelne gegangen. Sie haben die Gottesbilder hinter sich gelassen und mit ihnen die Hoffnung und die Angst. Im Christentum zum Beispiel Meister Eckehard.

Außerhalb der Religionen hat diesen Weg am eindrucksvollsten Laotse im Tao te King beschrieben. Er kommt ohne Gott aus und ohne Riten. Dennoch ist seine Haltung voller Andacht vor dem geheimnisvollen Letzten, das er das unfassbare Tao nennt.

Wir finden diesen Weg auch bei großen Philosophen, zum Beispiel bei Heraklit. Weil er in dieses Dunkel geht, wird er von einigen der Dunkle genannt, ohne es wirklich zu sein.

Wie können wir selbst diesen Weg gehen? Durch die Sammlung. Wenn wir allem zustimmen, wie es ist, auch den Religionen, wie sie sind, doch ohne Glauben, ohne Hoffnung und ohne uns an sie zu hängen und sei es selbst mit der reinsten Liebe, lösen wir uns von ihnen und erreichen in der Leere jene Haltung, in der wir stehen bleiben vor allem, wie es ist, ohne uns noch zu bewegen. Dieses Stehen ist gesammelt, doch ohne Wissen. Es ist vor etwas Unbekanntem einfach da, ohne Vergangenheit und ohne Zukunft. Dieses Da-Sein ist religiöses Da-Sein. Es ist dort da, wohin alle Religion letztlich strebt. Es ist reine Religion, ohne Bilder, ohne Wollen, hingegeben doch ohne Bewegung, losgelöst und gehalten zugleich. Diese Haltung ist erfahrbar, doch ohne Gefühl. Sie ist einzeln und dennoch verbunden. In ihr sind wir mit allen Menschen gleichermaßen Mensch. Doch ohne Anspruch, nur mit ihnen da.

Erkennen mit dem Herzen

Um etwas Wesentliches zu erkennen, müssen wir uns in der Regel einer Situation zuwenden, in der uns bisher etwas verborgen geblieben ist. Zuwendung heißt hier, wir richten auf diese Situation unsere Aufmerksamkeit. Zugleich wenden wir uns ihr aber auch zu mit Liebe und Achtung, denn das, um was es uns hier geht, geht uns direkt an. Wir wollen etwas erkennen, was uns persönlich wichtig ist, weil es uns unmittelbar betrifft. Zum Beispiel wollen wir wissen, unter welchen Bedingungen die Liebe zwischen Mann und Frau gelingt und was ihr manchmal entgegensteht, sodass sie, obwohl beide einander lieben, sich dennoch nicht verstehen oder am anderen Anstoß nehmen. Wir sind also bei dieser Art der Erkenntnis mit unserem Herzen dabei. Was uns gleichgültig bleibt, können wir nicht erkennen. Es entzieht sich unserer Aufmerksamkeit und verschließt sich vor uns.

Die Achtung

Die Erkenntnis setzt ein Gegenüber voraus, das uns antwortet. Das heißt, wir müssen es für die Erkenntnis gewinnen. Daher ist die Zuwendung zu dem, was wir erkennen wollen, der Beginn der Erkenntnis. Wir kommen also mit ihm durch diese Zuwendung in Einklang. Das, was wir erkennen wollen, muss gleichsam vor unserem Zugriff sicher sein. Es vergewissert sich, ob wir es achten und ob wir es auf eine Weise erkennen wollen, die dem Leben im weitesten Sinne dient. Wir können sogar sagen, es vergewissert sich, ob es der Liebe dient.

Das ist vielleicht eine Antwort darauf, warum sich so vieles, was für uns selbst und für die Beziehungen zwischen Menschen so wichtig wäre, der Erkenntnis schon so lange entzieht.

Diese Überlegungen und Beobachtungen erklären daher auch, wie die wesentliche Erkenntnis für uns zugänglich wird. Sie verlangt von uns zuerst das Innehalten vor dem, was uns noch verborgen ist. Im Innehalten lassen wir unsere Wünsche los und unsere Absichten, den Wissensdurst, aber auch die Angst vor dem, was sich uns vielleicht zeigt, das uns zum Umdenken zwingen könnte, sogar zur Umkehr und zum Abschied von unserem bisherigen Denken und Wollen. Erst wenn wir auf diese Weise offen werden und bereit, taucht es aus dem Dunkel in das Licht und zeigt sich. Es zeigt sich jedoch nicht als Objekt, das uns gegenüber passiv bleibt. Nein, es bewegt sich auf uns zu, trifft uns, bewirkt etwas in unserer Seele und in unserem Geist, blendet uns sogar und lässt uns verändert zurück. Denn nachdem es sich uns gezeigt hat, nachdem es uns vielleicht wie ein Blitz getroffen hat, entzieht es sich unserem Zugriff und sinkt aus dem Licht wieder ins Verborgene hinab. Dann können wir es vielleicht nicht einmal mehr erinnern, obwohl es uns getroffen und verändert hat.

Der Einklang

Diese Erkenntnis ist daher auch nicht allgemein. Wir können sie nicht weitergeben, als hätten wir sie nun zur Verfügung. Denn auch der, dem wir sie mitteilen wollen, muss die gleichen Schritte tun wie wir. Auch bei ihm setzt die Erkenntnis die Zuwendung voraus, das heißt die Liebe und die Achtung und die Offenheit für das, was sich auch ihm vielleicht zeigt. Sie setzt das Innehalten voraus und das Lassen der Absichten und Wünsche und die Bereitschaft zum Umdenken und zur Umkehr, ohne Furcht vor den Folgen. Er kommt also auch schon vor der Erkenntnis mit dem, was sich ihm vielleicht zeigt, in Einklang. Und er kommt mit mir in Einklang, wenn ich ihm meine Erkenntnis zu vermitteln versuche. Auf einmal kann ich sie auch in Worte fassen, und er kann sie verstehen.

Andere, die vielleicht zuhören, hören die gleichen Worte, finden sie vielleicht interessant, formulieren manchmal Einwände, um sich gegen sie zu wehren, erkennen aber nicht, um was es letztlich geht. Sie bleiben daher von der wesentlichen

Erkenntnis unberührt. Sie hat sich von ihnen zurückgezogen.

Diese wesentliche Erkenntnis verlangt Handeln, und sie ermöglicht dieses Handeln auch. Doch nur dem, der zuvor selbst erkannt hat, was diesem Handeln vorausgeht und was es ermöglicht. Zwar können auch jene, die dieses Handeln nur sehen, ohne dass es aus der eigenen Erkenntnis kommt, versuchen, es nachzuahmen. Doch ohne diese Erkenntnis, zieht sich dieses Handeln von ihnen zurück und lässt sie im Stich.

Die Gotteserkenntnis

Die wesentliche Erkenntnis im oben beschriebenen Sinn ist letztlich Gotteserkenntnis, doch jenseits aller Bilder, die wir uns vielleicht von ihm gemacht haben. Gerade hier wird deutlich, dass diese Erkenntnis uns nur gelingen kann, wenn wir zuvor innehalten und wenn wir uns ihr öffnen mit Liebe und Achtung vor dem, was sich uns vielleicht zeigt. Dass diese Erkenntnis uns nur gelingen kann, wenn wir uns ihr öffnen mit letzter Offenheit und der Bereitschaft, uns von ihr berühren und treffen zu lassen, was immer sie von uns dann verlangt an Umdenken und Umkehr, ohne eigenen Wunsch, ohne jede Absicht und, vor allem, ohne Furcht.

Diese Erkenntnis verbindet uns mit jenen Kräften, die alles, was ist, in Bewegung halten. Gerade deshalb verlangt sie Bewegung und ermöglicht Bewegung, die ihr entspricht. Sie ist mit dem Letzten im Einklang und gewinnt aus ihm ihre Kraft und ihre besondere Wirkung.

Zuwendung ist daher am Ende das Gleiche wie Andacht, eine Andacht ohne Absicht und ohne Bewegung, bis sie von der Erkenntnis getroffen, sich im Einklang mit ihr, aber nur so weit, als sie mit ihr im Einklang bleibt, auch selbst bewegt.

Die Aufklärung

Der Begriff

Aufklären kann dreierlei bedeuten:

Erstens, ich kläre jemanden auf über etwas, was allgemein zugänglich ist, das er aber noch nicht weiß. Ich kläre ihn auf, indem ich etwas zeige oder ein Wissen vermittle, das dem anderen fehlt. Diese Aufklärung wird im Allgemeinen als wohltuend und hilfreich erlebt, es sei denn, dass ich jemanden auf überhebliche Weise aufzuklären versuche.

Zweitens, ich kläre jemanden über etwas auf, was man ihm bisher verheimlicht hat. Zum Beispiel werden Kinder nach einiger Zeit über die sexuelle Liebe aufgeklärt. Oder es werden verborgener Zusammenhänge aufgeklärt, zum Beispiel die Hintergründe eines Verbrechens. Auch hier wird die Aufklärung wohltuend erlebt.

Drittens, die Aufklärung rührt an ein Tabu, an etwas, was man nicht wissen darf. Dieses Tabu sind häufig bestimmte Überzeugungen oder Mythen, die eine Gruppe zusammenhalten und ihren Mitgliedern vorgeben, was sie denken und wahrnehmen dürfen. Wer hier dennoch das Verborgene ans Licht bringt, zum Beispiel das Widersinnige einer allgemein geteilten Überzeugung, bricht dieses Tabu. Dieser Tabubruch wird von der Gruppe als Gefahr für ihren Zusammenhalt erlebt und in der Regel mit dem Ausschluss aus der Gruppe bestraft. Welche Folgen diese Art der Aufklärung für den Einzelnen haben kann, sehen wir bei den so genannten Ketzern und anderen Abweichlern.

Die redliche Aufklärung

Oft weisen die Ketzer und Abweichler aber nur auf Missstände hin, ohne das Unhaltbare einer allgemein geteilten Überzeugung wirklich aufzudecken. Dies tun vor allem die Philosophen und die Wissenschaftler. Doch auch sie tun es oft zur bis zu einem gewissen Grad. Das heißt, auch ihre Vertreter verhalten sich manchmal wie Überzeugte, ohne genau hinzuschauen, was von ihren Überzeugungen von der erfahrbaren Wirklichkeit bestätigt wird und wo ihre Überzeugungen an Grenzen gekommen sind, die redlicher Weise nicht überschritten werden dürfen.

Hier dennoch bei der reinen Beobachtung und Erfahrung zu bleiben und jeder Versuchung und jedem öffentlichen Druck zu widerstehen, das an der erfahrbaren

Wirklichkeit Erkannte abzuschwächen oder gar zu widerrufen, das wäre die Aufklärung, die hier Not tut.

Was ist es nun in erster Linie, was sich dieser Aufklärung widersetzt? Was geht an die Grundfesten dieser Überzeugungen und welche Tempel stürzen durch diese Aufklärung ein? Wir können auch fragen: Was ist das eigentliche, das letzte Tabu, das sich bisher der Aufklärung widersetzt und sie erfolgreich abgewehrt und bekämpft hat?

Das letzte Tabu

Das letzte Tabu ist das Gewissen. Viele fragen hier sofort: Ist das Gewissen nicht etwas Heiliges? Ist es nicht das Höchste? Muss man ihm nicht unter allen Umständen folgen?

Doch was geschieht, wenn wir unserem Gewissen folgen? Viele stellen sich damit gegen andere, denen sie unterstellen, sie handelten gegen ihr Gewissen oder seien sogar gewissenlos. Durch das Familien-Stellen ist aber ans Licht gekommen, dass sich das Gewissen von Person zu Person und von Gruppe zu Gruppe unterscheidet. Wenn daher jemand von anderen verlangt, sie sollen das gleiche Gewissen haben wie er, verlangt er von ihnen im Grunde, sie sollen nicht ihrem sondern seinem Gewissen folgen. Das heißt, er verlangt, sie sollen sich gegen ihr Gewissen verhalten und damit die Zugehörigkeit zu der für ihr Überleben wichtigen Gruppe aufs Spiel setzen. Das gilt natürlich auch umgekehrt, wenn wir von anderen erwarten, sie müssten das gleiche Gewissen haben wie wir.

Die Angst

Dieses Gewissen ist nur insofern für uns das Höchste, weil jedes Handeln gegen dieses Gewissen unsere Zugehörigkeit zu der für unser Überleben wichtigen Gruppe gefährdet. Denn das Gewissen ist zunächst und ursprünglich ein Überlebensinstinkt, mit dessen Hilfe wir ohne Reflexion unmittelbar wahrnehmen, was von uns verlangt wird, damit wir unsere Zugehörigkeit nicht verlieren. Daher ist es auch kein persönliches Gewissen in dem Sinne, als würde jemand in freier Entscheidung seinem Gewissen folgen. Denn jeder folgt seinem Gewissen aus Gewissensangst, eben der Angst, dass er aus seiner Gruppe verstoßen wird, wenn er ihm nicht folgt.

Das Gewissen ist die verinnerlichte Wahrnehmung der in der ursprünglichen Gruppe geltenden Normen. Schon bevor wir darüber nachdenken, warnt es uns über ein unmittelbares, auch körperlich spürbares Unbehagen, von diesen Normen abzuweichen. Dieses Unbehagen nennen wir dann das schlechte Gewissen.

Die Folgen

Was sind die Folgen, wenn alle ihrem Gewissen folgen? Weil sich die Gewissen von Person zu Person und von Gruppe zu Gruppe unterscheiden, schauen verschiedene Menschen und Gruppen, wenn sie ihrem Gewissen folgen, nicht in die gleiche Richtung und verfolgen nicht die gleichen Ziele. Vielmehr setzen sie sich durch ihr Gewissen von den anderen Menschen und Gruppe ab, suchen sich ihrer zu erwehren und sie sogar zu vernichten. Warum? Weil sie das Gewissen der anderen als eine Gefahr für das eigene Gewissen wahrnehmen und damit auch als eine Gefahr für die eigene Gruppe.

Die Frage

Das In-Frage-Stellen des eigenen Gewissens stellt nicht nur die eigene Identität in Frage. Es stellt die Normen der eigenen Gruppe in Frage und die in ihr erlaubten Wahrnehmungen der Wirklichkeit. Vor allem aber stellt es die religiösen Überzeugungen in Frage: den eigenen Gott, die eigene Erwählung, den eigenen Himmel und die eigene Hölle. Es stellt die Überlegenheit der Guten über die Bösen in Frage und die daraus abgeleiteten Rechte und die eigene Moral.

Alle Vorstellungen von Gott in den großen Religionen beschreiben ihn als moralisch nach dem eigenen Gewissen, die einen erwählend und die anderen verwerfend. Daher ist es kein Wunder, dass die Aufklärung, die dieses Gottesbild und die damit verbundenen Hoffnungen und Ängste als allzumenschlich entlarvt, als eine fast tödliche Gefahr für den Zusammenhalt und das Überleben der eigenen Gruppe gefürchtet und abgewehrt wird.

Das Gleiche gilt natürlich für andere, ähnliche Überzeugungen, zum Beispiel politischer Natur wie etwa die jeweilige political correctness, deren In-Frage-Stellen ähnliche Ängste und Widerstände auslöst.

Aber wird die eigene Gruppe dadurch wirklich gefährdet? Oder bereitet diese Aufklärung nicht der Anerkennung der wesentlichen Gleichheit aller Menschen und aller Gewissen den Weg? Nimmt sie diesen Gruppen nicht den Stachel der Einmaligkeit und der Anmaßung über andere? Ist diese Aufklärung nicht ein Wegbereiter des Friedens?

Die Aussichten

Was sind die Aussichten für diese Art der Aufklärung? Wir müssen bedenken, dass sie vielen Menschen Angst macht. Daher wird sie gefährlich und zugleich wirkungslos, wenn sie sich überhöht, als vertrete sie das andere und bessere Gewissen. Daher kann die Aufklärung nicht als eine Überzeugung vorgetragen werden oder mit persönlichem Eifer. Sie weist nur auf etwas allen gleichermaßen Beobachtbares und Nachvollziehbares hin.

Die wesentlichen Einsichten dieser Aufklärung sind zugleich geschenkt. Zu diesen Einsichten gehört, dass alles Wesentliche von Mächten getragen und bewirkt wird, denen niemand vorgreifen kann. Diese Mächte setzen sich durch zu ihrer Zeit. Daher bleibt diese Aufklärung demütig. Sie weiß sich im Einklang mit diesen Mächten und allen Menschen verbunden und gleich.

62

Handeln aus Einsicht

DAS HELFEN

Gegenseitiges Helfen

Wer hilft, will anderen etwas Gutes tun. Er will ihnen geben, was sie brauchen, manchmal auch, was sie sich von ihm wünschen. Wer hilft, fühlt sich durch das Helfen entlastet, denn die Erfahrung, dass andere ihm geholfen haben, oft unter großem persönlichen Einsatz, drängt ihn, auch selbst etwas für andere zu tun. Daher fühlt er sich, wenn er hilft, besser, wie einer, der für das, was er bekommen hat, bezahlt und es damit als Eigenes wirklich in Besitz genommen hat. Helfen ist also ein zutiefst menschliches Bedürfnis. Es verbindet vor allem dort, wo wir uns gegenseitig helfen.

Verweigertes Helfen

Manchmal helfen wir auch, wenn der andere keine Hilfe braucht, oder wenn er von uns etwas erwartet, was wir ihm nicht geben können, weil wir es nicht haben und es nicht in unsere Hand gegeben ist. Dann trennt das Helfen statt dass es verbindet. Wenn wir uns daher hier vom Helfen zurückhalten und es verweigern, schützt es den anderen vor uns. Gleichzeitig schützen wir uns vor den Folgen, die dieses Helfen für uns und den anderen haben kann. Diese Zurückhaltung und diese Verweigerung trennen auf eine gute Weise. Wir bleiben oder werden voneinander unabhängig und können uns danach auf eine andere, auf eine freiere Weise begegnen.

Ordnungen des Helfens

Das Helfen folgt einer Ordnung. Dort, wo es über den Austausch und das Helfen zwischen Ebenbürtigen hinausgeht, wie zum Beispiel das gegenseitige Helfen und der Austausch zwischen einem Paar, hat es ein Gefälle. Wenn die einen von den anderen abhängig sind, wie zum Beispiel die Kinder von ihren Eltern, vollzieht sich das Helfen vorwiegend von oben nach unten. Die Kinder nehmen, was ihnen gegeben wird, und danken dafür. Hier ist der Dank eine gemäße Weise des Zurückgebens. Er ist die Anerkennung der Gabe und des Gebers. Dadurch fühlt sich der Geber bereichert und erwartet dann auch nicht, dass der andere ihm etwas Gleichwertiges zurückgibt, was ja im Verhältnis zwischen Eltern und Kindern sowieso nie möglich ist. Weil der Dank, der von Herzen kommt, auch ein Geben ist, wenn auch von unten nach oben, erlaubt es dem, der etwas bekommen und genommen hat, das ihm Geschenkte zu behalten und mit ihm etwas Eigenes zu tun. Zum Beispiel, es auch weiterzugeben. Dann bleibt auch hier das Helfen im gleichen Gefälle von oben nach unten und ist in seiner Ordnung.

Das Helfen gegen die Ordnungen

Diese Ordnung wird gestört, wenn gegen das Gefälle jene, die unten sind, denen, die über ihnen sind, geben wollen, als seien sie oben und die anderen unten. Zum Beispiel versuchen viele Kinder ihren Eltern auf diese Weise zu helfen, vor allem dort, wo es um Leben und Tod geht. So wollen Kinder manchmal ihren Eltern deren Schicksal abnehmen. Sie wollen anstelle ihrer Eltern krank werden und sterben, wenn sie sehen, dass einer von ihnen sterben will, aus was für Gründen auch immer. Solches Helfen entlastet manchmal die Eltern, weshalb sie dann bereit sind, ihr Schicksal ihren Kindern aufzubürden und sie zu opfern, damit es ihnen selbst besser geht. So entsteht eine Schicksalsgemeinschaft, in der die später dazu Gekommenen für die Früheren bezahlen. Doch das ist eine Unordnung des Helfens, bei der Eltern ihren Kindern das Leben nicht nur geben sondern auch nehmen.

Wer anderen sein Eigenes aufbürdet statt es selbst zu tragen, verfehlt sein Eigenes. Und wer für andere deren Eigenes auf sich nimmt statt es ihnen zu lassen, nimmt ihnen, was nur ihnen gehört und verfehlt dadurch, was ihm selbst gehört. Damit scheitern beide.

Das ist natürlich nur eine vordergründige Betrachtungsweise, denn am Ende kann niemand frei sein von der Verstrickung in die Schicksale anderer, und niemand kann frei sein von der Schuld, anderen sein Eigenes aufzubürden. Doch im Wissen um die Ordnung und Unordnung des Helfens können wir vielleicht, wenn auch nur begrenzt und gelegentlich, das Schlimmste für uns und andere vermeiden oder es zumindest mildern.

Helfen als Beruf

Neben diesem alltäglichen und gegenseitigen Helfen gibt es auch das Helfen als Beruf in einem besonderen Sinn. Zum Beispiel bei den Ärzten, den Psychotherapeuten, in vielen sozialen Berufen, bei Seelsorgern und Lehrern und auch bei Philosophen. Zwar ist praktisch jede Arbeit, die wir tun, ein Helfen. Doch gibt es darüber hinaus ein Helfen, bei dem es für die, denen wir helfen, oft um Leben und Tod geht und um ihr Überleben. Es geht aber auch um das innere Wachstum, um das erfüllte Leben. Das Helfen setzt hier ein besonderes Wissen voraus, ein besonderes Können und auch eine besondere Kunst.

Die Kunst ist hier mehr als das Wissen, auch mehr als das handwerkliche Können, obwohl auch dieses oft eine große Kunst ist. Es setzt die Einsicht in umfassendere Zusammenhänge des Lebens voraus und den Einklang mit ihnen.

Dieses Helfen als Kunst setzt die Philosophie voraus und ist angewande Philosophie. Denn letztlich steht dieses Helfen nicht nur im Dienst des Einzelnen und was er unmittelbar für sein Leben, seine Entwicklung und sein Überleben braucht, sondern auch im Dienst eines dem Einzelnen übergeordneten Ganzen und ist mit ihm im Einklang.

Was diese andere Ordnung ist und was sie sowohl verlangt als auch verbietet, lässt sich nicht aus den vorgebrachten Wünschen und Hoffnungen eines Hilfesuchenden ableiten, auch nicht von seinen Forderungen. Wir finden es über den Erkenntnisweg, auf dem wir hinter dem Vordergründigen das Wesentliche wahrnehmen, sowohl mit Bezug auf uns als auch für den anderen. Auf diesem Erkenntnisweg gewinnen wir den Einblick, was wir tun können und dürfen und sogar müssen, und was uns verwehrt und verboten bleibt. Wer sich darüber hinwegsetzt, indem er einerseits verweigert, was er aus dem Einblick heraus tun darf und muss, oder andererseits indem er dennoch versucht, was er nicht tun darf, der gefährdet oder schadet nicht nur dem, der bei ihm Hilfe sucht, sondern auch sich selbst. Nach dem Einblick und durch den Einblick bleibt uns keine andere Wahl als gemäß diesem Einblick zu handeln.

Helfen mit Widerstand

Hier noch ein Wort zum inneren Wachstum. Das Wachstum verlangt einerseits die Nahrung und andererseits das sich Durchsetzen gegen Widerstände. Viele Helfer beschränken sich auf das Nähren, die Fürsorge, das Mitgefühl, und fürchten sich davor, dem anderen auch den notwendigen Widerstand zu leisten und ihn dadurch mit seiner Situation so in Verbindung zu bringen, dass er sich widersetzen und durchsetzen muss. Dann muss er sich aus eigener Kraft dem stellen, was nur er und kein anderer tun kann und darf.

Die Achtung

Achtung vor allem, wie es ist

Eine Folge der philosophischen Erkenntnis auf dem Weg über die Leere und über die Nacht der Sinne, die Nacht des Geistes und die Nacht des Willens, ist die Achtung vor allem, wie es ist, ohne den Wunsch, dass es anders sein sollte, als es ist, und dass auch das anders sein sollte, was, wie wir vielleicht meinen, gegen uns ist. Erst durch diese Achtung erkennen wir an, dass alles, wie es ist, und alles, was geschieht, nur deshalb sein kann, wie es ist, weil in ihm eine schöpferische Kraft am Werk ist, die bestimmt, was es tun kann und darf und was es tun muss. Da diese Kraft sowohl in uns als auch in allem anderen auf gleiche Weise wirkt, da sie also alle gleichermaßen an sich zieht, müssen wir, wenn wir uns dieser schöpferischen Kraft anheim geben, vor ihr den gleichen Wert und die gleiche Bedeutung haben wie alle anderen und alles andere auch. Die Achtung vor anderen und vor allem anderen, einschließlich der Achtung vor uns selbst, ist daher von der Achtung vor dieser schöpferischen Urkraft nicht zu unterscheiden oder zu trennen. Sie ist letztlich die Achtung vor einem uns unergründlichen Geheimnis. Als Haltung ist diese Achtung Andacht. Das heißt, sie ist letztlich Hingabe ohne eigenes Tun, reines vor dem anderen Gegenwärtigsein.

Achtung vor den Gegensätzen

Was ist nun mit denen, die eine andere und eine nach ihrer Meinung bessere Welt wollen und die bereit sind für sie zu kämpfen? Sie fragen zum Beispiel: Wie kann man diesem oder jenem wirklich zustimmen oder es gut heißen? Sie bringen endlose Beispiele von Handlungen und Situationen, die man, so meinen sie, verurteilen und gegen die man Stellung beziehen muss. Doch auch in ihnen ist die gleiche schöpferische Kraft am Werk. Daher achte ich auch sie, ohne gegen sie zu sein.

Achtung heißt also nicht nur die Achtung vor dem einen, sondern auch die Achtung vor dem andren, das dem einen aus unserer vordergründigen Sicht entgegensteht. Sie ist Achtung vor dem Licht und vor dem Schatten, vor dem Leben und dem Tod. Achtung heißt daher auch Achtung vor den Gegensätzen, vor dem Konflikt zwischen ihnen, vor dem Ungleichgewicht und der

Ungerechtigkeit und vor der Bewegung auf Ausgleich hin – einem Ausgleich, der die Gegensätze anerkennt.

Die Mitte

Was bewirkt diese Achtung in unserer Seele? Wenn wir allem zustimmen, wie es ist, sind wir allem verbunden. Das, was sich entgegenzustehen schien, wird in uns miteinander versöhnt. Doch ohne dass es dadurch anders wird. Es bleibt, wie es ist. Weil es aber in mir sich nicht mehr entgegensteht, weil ich, indem ich beides achte, hinter beidem in der gleichen Andacht vor der in ihnen wirkenden Kraft bleibe, werde ich mit beidem in der gleichen Mitte, die alles an sich zieht, eins.

Dort kann nichts mehr gegen etwas anderes sein. Hier fallen die Grenzen zwischen Gut und Böse weg. Beides kann nicht mehr nur das eine oder das andere sein. Beides wächst über sich hinaus und findet sich im Ganzen als gleichermaßen richtig.

Folgen für unser Verhalten

Wenn wir dieser Erkenntnis in ihren Konsequenzen zustimmen, was folgt daraus für unser Verhalten?

Erstens kann es mit Bezug zu unserem Verhalten gegenüber uns selbst noch Bedauern geben? Oder ein Schuldgefühl? Oder den Wunsch, dass etwas anders gewesen wäre, als es war? Dann können wir alles, wie es war, das Gute und das Böse, die Lust und das Leid, die Freude und die Schmerzen als von der gleichen schöpferischen Kraft gewollt und auf Schöpferisches hin erfahren und können es als uns geschenkt und von uns gefordert nehmen und lieben.

Zweitens, was sind die Folgen für unser Verhalten anderen gegenüber, zum Beispiel, wenn wir in dieser umfassenden Achtung auf unsere Eltern und Geschwister schauen und auf unsere Ahnen? Alle sind auf einmal vor uns erhaben und groß. Auch wir wissen uns auf eigene Weise neben und unter ihnen erhaben und groß. Doch sind sie und wir es nicht aus eigener Kraft und durch eigenes Verdienst. Auf uns scheint die gleiche Sonne.

Die Sorge

Wie können wir uns daher um unsere Eltern auf eine Weise Sorgen machen, mit der wir uns vielleicht an ihre Stellen setzen und etwas an ihrer Stelle auf uns nehmen? Oder indem wir ihnen auf eine Weise helfen wollen, die ohne Achtung vor der anderen Kraft, dieser vorgreifen und ohne sie etwas für unsere Eltern und unsere Geschwister bewirken will?

Das Gleiche gilt auch für die Sorgen, die Eltern sich um ihre Kinder machen, statt dass sie in allem, was diesen zustößt und auf das hin sie sich entwickeln, in Achtung vor der anderen Kraft verharren, die sowohl sie wie ihre Kinder in etwas anderes, etwas sie Übersteigendes, in ihren Dienst nimmt?

Wie viel vorsichtiger müssen wir erst recht bei denen sein, die von uns besondere Hilfe erwarten und denen zu helfen wir uns durch unseren Beruf verpflichtet fühlen? Wissen sie und wissen wir, was uns die Achtung vor ihnen gestattet – oder verwehrt – oder was es von uns wirklich fordert? Was geschieht, wenn wir nach unseren Vorstellungen einzugreifen versuchen, sodass sie sich verpflichtet fühlen, sich nach uns zu richten und wir für sie leichtfertig zu ihrem Schicksal werden?

Dass Menschen aufeinander angewiesen sind, ist offensichtlich, auch dass es notwendig ist, die Hilfe anderer zu suchen und anderen Hilfe zuteil werden zu lassen. Die Frage ist nur: Geht dem Hilfe-Erbitten und den Hilfe-Geben eine Bewegung voraus, die in Achtung vor der eigenen Seele und dem eigenen Schicksal und in Achtung vor der Seele, dem Schicksal des anderen den Einklang sucht mit der beiden gemeinsamen Abhängigkeit von Kräften jenseits unseres Wünschens und die von dort her den Einblick findet in das Gemäße und in das Notwendige und Mögliche?

Das Handeln

Wenn uns diese Einsicht geschenkt wird, ist sie überraschend, ganz anders als wir es uns vorgestellt haben. Oft erschreckt uns diese Einsicht auch, denn wir können ihr nicht mehr ausweichen. Sobald die Einsicht gewonnen wurde, wirkt sie, und wir müssen ihr erlauben, dass er wirkt. verlangt von uns, dass wir ihr entsprechend auch handeln, ohne Zögern, sicher und mit Kraft.

Die Einsicht verlangt von uns, dass wir sie achten. Diese Achtung ist Hingabe an eine Bewegung, in der wir uns selbst vergessend dennoch handeln und in der wir sowohl abwesend sind als auch ganz da.

DER EIFER

Die Gegenbewegung

Der Eifer ist die Gegenbewegung der Achtung. Er dringt ein, wo die Achtung innehält, will haben, wo die Achtung lässt, ist sich sicher, wo die Achtung wartet, verschließt, wo die Achtung öffnet. Der Eifer bewegt sich in Grenzen und dreht sich innerhalb dieser Grenzen im Kreis. Daher steht er auch der neuen Erkenntnis im Weg.

Die Wurzeln des Eifers

Wo liegen die Wurzeln des Eifers? Am eifrigsten sind Kinder, denn sie kennen in ihrer Phantasie noch keine Grenzen. Doch sie sind eifrig mit Liebe. Daher ist ihr Eifer, obwohl er blind ist, dennoch liebenswert. Dieser Eifer zeigt sich zum Beispiel in dem Kinderlied: „Liebe Mutti, wenn ich groß bin, werd' ich alles für dich tun." Doch die Kinder warten damit nicht, bis sie groß sind. Wenn sie sehen, dass ihre Eltern etwas Schweres tragen, wollen sie es an ihrer Stelle auf sich nehmen und wollen sie retten. Sie stellen sich vor, sie hätten die Macht, das Schicksal ihrer Eltern zu wenden und handeln entsprechend. Sie handeln also über ihre Grenzen hinaus, wollen zum Beispiel sterben, damit ihre Mutter lebt oder ihr Vater bleibt, wie wir das bei der Magersucht sehen. Doch ihr Handeln ist wirkungslos, weil ihnen die Einsicht in das Mögliche und in das Gemäße fehlt.

Helfen mit Eifer

Wenn Erwachsene eifrig sind, hat auch ihr Eifer etwas Kindliches, zum Beispiel den merkwürdigen Glanz in den Augen und natürlich das Maßlose und das Blinde. Allerdings stehen ihnen andere Mittel zur Verfügung als einem Kind und eine entsprechende Macht. Dennoch sehen wir, wenn wir genau hinschauen, dass auch sie mit ihrem Eifer andere retten wollen. Ihr Eifer steht im Dienst einer Gruppe, einer Gruppe, der sie zu Ansehen und Macht verhelfen wollen. Doch dahinter wirkt das Bild der Eltern, vor allem das Bild der Mutter. Daher ist dieser Eifer auch treu. Er ist die Treue des Kindes zu seiner Mutter.

Viele Helfer zeigen einen ähnlichen Eifer und verkennen in ihrem Eifer die ihnen gesetzten Grenzen. Auch hinter ihrem Eifer wirkt das Bild der Mutter und eine eher kindliche als eine erwachsene Liebe. Deswegen fehlt ihnen oft die Achtung vor denen, die ihre Hilfe suchen und denen sie Hilfe anbieten. Doch ohne Achtung keine Einsicht in das andere beim anderen: in die andere Familie, in die andere Bestimmung, in das andere Schicksal und in die anderen Anforderungen und Grenzen. Das ist auch ein Grund dafür, dass solche Helfer vor allem den Einzelnen im Auge haben, aber schwerlich seine Eltern und die Gruppe, der diese angehören und verbunden bleiben. So wie auch das Kind, wenn es seinen Eltern helfen will, nur diese im Auge und im Gefühl hat, und nicht das Größere, in das sie eingebunden und dem sie ausgeliefert sind.

Die Anmaßung

Jeder Eifer ist im Grunde Anmaßung. Der auf diese Weise Eifrige nimmt etwas in die eigene Hand, was über seine Rechte und am Ende über seine Kräfte geht. Daher scheitert er auch. Natürlich kann sich niemand, auch nicht der Eifrige, gegen das Letzte stellen, dem alles unterworfen bleibt. Deswegen verdienen auch die Eiferer im Angesicht des Letzten in ihrem Eifer unsere Achtung. Wer in der Achtung verharrt, der schaut auch dem Eifer gelassen zu und hält den gebührenden Abstand.

Vor allem aber steht der Eifer der Erkenntnis im Wege. Er ist ja von Natur aus eng und blind. Wenn wir in uns bemerken, dass wir eifrig werden, wenn wir uns zum Beispiel einmischen wollen und uns über etwas entrüsten, merken wir, wie sich unser Blick verengt und etwas von uns Besitz ergreift, das gegen andere und anderes gerichtet ist und uns vielleicht blind wütend macht. Dann verlieren wir die Achtung und den Abstand nicht nur vor diesem anderen, sondern zugleich vor dem Letzten, dem auch dieses dient, das auch in diesem wirkt, und werden auch ihm gegenüber anmaßend. Wie können wir dann mit diesem Letzten im Einklang bleiben und in diesem Einklang offen und bereit für die Einsicht in das Letzte, in dem alles gleichermaßen anerkannt und aufgehoben ist?

Bescheidenes Handeln

Allerdings ist solche Einsicht immer unvollständig, bruchstückhaft und nie am Ende. Daher ist Handeln aus solcher Einsicht immer bescheiden. Es ist Handeln im Fluss, offen für neue Erkenntnis und daher fügsam. Es ist anders als zuerst gedacht und erwartet. Dieses Handeln ist ohne Eifer. Es bleibt gelassen und wird durch neue Umstände nicht aus der Bahn geworfen. Im Gegenteil. Es erkennt in ihnen einen Wink, sich umzustellen und Bisheriges zurückzulassen. Daher ist es in der neuen Situation auch sofort handlungsfähig.

Wenn wir uns eifrig fühlen, ist es ein Wink, innezuhalten, zur Besinnung zurückzufinden und aufmerksam für das Gebotene zu werden. So wird auch der Eifer, wenn von uns durchschaut, ein Bote, der unsere Sinne für das Wesentliche schärft, sodass uns, wenn wir ihn gelassen lassen, die andere Einsicht und der andere Schritt gelingen.

Die Weite

Der weite Blick

Die Weite des Geistes und der Seele erreichen wir auf ähnliche Weise wie die Leere. Auch hier gibt es die Doppelbewegung von Hinzu und Weg-von. Der Weg in die Weite und der Blick in die Weite löst uns vom Engen und vom Nahen, auch vom Genauen, dem Festgelegten, dem Bestimmten, dem Klaren. Der weite Weg geht in alle Richtungen zur gleichen Zeit. Der weite Blick nimmt das Viele gleichzeitig wahr, auch das, was sich entgegensteht. Er ist für alles gleichermaßen offen und daher ungenau. Denn er ist nicht nur bei der einen Sache und schon gar nicht irgendwo am Ziel. Dennoch bleiben wir im weiten Blick gesammelt. Sammlung ist hier in dem Sinn zu verstehen, dass vieles gleichzeitig versammelt ist, nämlich in einer Mitte. Dennoch bleibt es zugleich auch an der Oberfläche. Es ist uns nah und fern zugleich, weit und ausgedehnt und doch gesammelt.

Das weite Wissen

Ein Mensch ist weit geworden, wenn er alles an seinem Platz gelassen hat und sich dadurch innerlich von ihm auch löst. Nur weil er es gelassen hat, versammelt er es in sich, zieht es zu sich, ohne es von seinem Platz zu rücken. Daher ist er von allem zugleich voll und leer.

Diese Weite macht das wesentliche Wissen möglich, weil nichts von ihm ausgeschlossen wird und das Viele sich dennoch in einer Mitte findet.

Die Weite macht auch wesentliches Handeln möglich. Wenn ich anderen Menschen begegne oder wenn ich mich einer neuen Situation stellen muss, bei der ich nicht auf schon Bekanntes zurückgreifen kann, ist das genaue Hinschauen wichtig. Nur so bekomme ich einen konkreten Hinweis, an dem ich ansetzen und beginnen kann, wenn konkretes Handeln von mir gefordert wird. Doch dieser Hinweis führt zugleich über sich hinaus. Erst wenn ich mich auf diese Weise dem Weiten hinter dem Konkreten aussetze, erfasse ich über den ursprünglichen Hinweis hinaus, das dahinter liegende Wesentliche und kann entsprechend handeln.

Das Konkrete als Ansatzpunkt bleibt vordergründig, zum Beispiel wenn ich wörtlich nehme, was jemand über sich sagt. Doch wenn ich ihn dabei anblicke, nehme ich vielleicht etwas ganz anderes wahr, vielleicht sogar das Gegenteil. Dieses andere wird neben und jenseits des konkret Gesagten wahrgenommen. Obwohl ich dann in meiner Antwort und in meinem Handeln scheinbar von ihm abweiche, bin ich dennoch näher bei ihm und seiner Sache und ich bin näher bei der ihm gemäßen Achtung.

Was ist aber, wenn ich mich dabei irre? Das Weite schließt den Irrtum mit ein, denn in der Weite kann er auch korrigiert werden und führt zur vertieften Erkenntnis. Die Angst vor dem Irrtum scheut das Experiment und damit die mögliche andere neue Erkenntnis und das von ihr ermöglichte und geforderte andere Tun. Denn ohne Irrtum kein Fortschritt und am Ende auch keine Weite.

Der Bezug auf das Ganze

Die Weite verliere ich auch dann aus dem Blick, wenn ich urteile. Zum Beispiel wenn ich sage: „Das ist richtig, und das ist falsch," oder „Das ist gut und das ist böse." Durch solche Urteile verschließe ich mich vor einer anderen Wirklichkeit und werde dadurch eng. Zwar muss ich mich beim Handeln für das eine oder andere entscheiden, doch wenn das andere, gegen das ich mich entscheide, von mir anerkannt wird, ohne dass ich über es urteile, bleibt es mir verbunden.

Obwohl ich in meinen Blick und in meine Achtung alles, wie es ist, mit einbeziehen kann, ist mir dies beim Handeln verwehrt. Im Handeln bleibe ich begrenzt, bleibe bescheiden und menschlich. Doch wenn ich anerkenne, dass neben meinem Handeln auch das Handeln der anderen bedeutsam ist, wenn ich also auch ihrem Handeln seine Bedeutung lasse, ohne dass ich es Bezug auf das Ganze unterschiedlich beurteile, bleibe ich bei meinem Handeln weit.

Das weite Handeln

Was bewirkt diese Haltung in meiner Seele? Es geht mir dabei ähnlich wie mit der Erkenntnis. So, wie ich beim Erkenntnisvorgang über das Konkrete und Viele das Wesentliche erreiche, das über das Vordergründige hinausführt, so wird auch mein Handeln obwohl es konkret bleibt, auf mehr bezogen als auf das Unmittelbare. Es wird durch meine die Achtung vor dem Handeln der anderen und meinen Bezug zu ihm sowohl für mich und als auch für viele andere wesentlich.

Die Tiefe

Mit der Tiefe verbinden wir Bilder von geheimnisvoll oder von abgründig, auch Bilder von unzugänglich und verborgen. Wir sprechen daher von tiefen Gedanken, einem tiefen Geheimnis, aber auch von tiefer Liebe, tiefer Sehnsucht, tiefem Glauben, tiefer Freude und tiefem Leid.

Das Geheimnis

Was macht die Tiefe aus? In der Tiefe fließt zusammen, was vorher einzeln und getrennt war. Das Viele verbindet sich in der Tiefe auf eine Weise, die es uns schwer macht, das Einzelne auseinander zu halten. In der Tiefe wird das Viele zu einem Ganzen, ist in ihr als Einzelnes nicht mehr fassbar und wird doch im Ganzen als zu ihm gehören wahrgenommen. Weil im Ganzen das Einzelne nicht mehr fassbar ist, wird es für uns geheimnisvoll. Obwohl gegenwärtig ist es nicht greifbar, und weil sich an ihm ständig etwas Neues zeigt, erscheint es für uns unerschöpflich.

Alle große Kunst ist auf diese Weise geheimnisvoll und tief und auch jede wesentliche Einsicht. Unser Erkennen bleibt bruchstückhaft und dennoch erahnen wir im Teil das Ganze. Daher sind wir in dem, was wir erkennen, zugleich offen für noch mehr. Die wesentliche Einsicht, die tiefe Einsicht, kommt nie an ein Ende, genauso wenig wie wesentliche Wahrheit.

Das Ganze

Die Tiefe erfasst uns immer ganz. Die tiefe Liebe und die tiefe Sehnsucht nimmt uns ganz gefangen und kommen dennoch an kein Ende. So ist es auch mit dem tiefen Glauben. Er haftet nicht an Einzelnem, zum Beispiel an einer Lehre oder einem Bild. Er ist auf ein Geheimnis ausgerichtet. Er ruht in ihm, ohne es zu fassen. Tiefen Glauben gibt es daher nur, wo auch das Geheimnis tief und unergründlich bleibt, genauso wie die tiefe Erkenntnis zugleich Erkenntnis von Unergründlichem bleibt.

Wie ist es mit dem tiefen Leid und der tiefen Freude? Beide, wenn sie uns ganz erfassen, bleiben. Sie werden zu einem „Glanz von innen", still und geheimnisvoll. Sie offenbaren das Geheimnis des Lebens in seiner Fülle.

Auch das Handeln aus tiefer Erkenntnis, aus tiefer Liebe, aus tiefem Glauben, tiefem Leid und tiefer Freude ist tiefes Handeln. Es bewirkt Tiefes in der Seele, ohne dass im Einzelnen fassbar wird, was es anrührt und sagt. Erst in solchem Handeln mit solcher Wirkung erweist sich unsere Erkenntnis als wesentlich und tief und mit ihm auch unsere Liebe, unser Glaube, unsere Freude und unser Leid.

Die Fülle

Was steht der Tiefe entgegen? Das Oberflächliche, Willkürliche, Absichtliche, unserer Gedanken Blässe, das Laute und Geschäftige, die Eile und der Trug.

Was führt in die Tiefe? Das Leben in seiner Fülle, wenn wir uns ihm anvertrauen mit allem, was zu ihm gehört, und wie es anfängt und endet. Denn das Tiefste ist am Ende der eigene Tod. Alles Tiefe im Leben macht uns für seine Tiefe bereit: die tiefe Erkenntnis, die tiefe Liebe, der tiefe Glaube, das tiefe Handeln, das tiefe Leid. Vor allem aber als Frucht unserer tiefen Lebensvollzüge, die Hingabe an das letzte Geheimnis mit tiefer Andacht und Freude.

DIE ERWARTUNG

Die Begrenzung

Durch die Erwartung beziehe ich mich auf etwas und ziehe es durch meine Erwartung an mich. Ich fange es durch meine Erwartung gleichsam ein, lasse es nicht mehr los. Dadurch ist das von mir Erwartete auch nicht mehr von mir frei.

Es ist aber auch das andere oder ein anderer Mensch, die auf mich warten, die von mir etwas erwarten. Dadurch ziehen sie auch mich an sich, nehmen mich gefangen, lassen mich nicht mehr los.

Die Erwartung kann gegenseitig sein. Dann verbindet sie auf besondere Weise. Zum Beispiel die Erwartungen, die Mann und Frau aneinander haben, oder die Erwartungen der Eltern an ihre Kinder und die Erwartungen der Kinder an ihre Eltern.

Die Offenheit

Manchmal sind wir auch ohne Erwartung. Vielleicht weil wir aus Enttäuschung keine Erwartungen mehr haben, oder auch weil wir für Unerwartetes offen sind und für das Unerwartete bereit. Gerade dadurch, dass wir uns und das andere durch keine Erwartung mehr binden und damit auch begrenzen, kann sich etwas Neues, das sich jeder Bindung entzieht, zeigen und uns erfassen, vor allem auf eine geistige Weise. So kommt zum Beispiel die entscheidende Einsicht ohne Erwartung, plötzlich wie ein Blitz aus heiterem Himmel, und auch der unerwartete Erfolg. Sie werden als Geschenk erlebt und sind daher auch auf eine besondere Weise beglückend.

Das Gegenteil der Erwartung ist also die Offenheit, die absichtslose Offenheit. Sie ist die Voraussetzung der Philosophie, die ohne Vorurteil – denn auch das ist eine Erwartung – und ohne Furcht – denn auch sie ist eine Erwartung – wartet, bis sich aus der Fülle der Phänomene etwas Wesentliches von sich aus zeigt. Was sich so zeigt, ist immer anders als erwartet. Es führt aus der Enge in die Weite und von der Oberfläche in die Tiefe. Vor allem aber führt es uns zu einer Anwendung im Handeln, die bisherige Grenzen hinter sich lässt und das bisher Getrennte oder als unvereinbar Betrachtete auf einer höheren Ebene zur Einheit verbindet.

Nur das Begrenzte wird erwartet. Das Weite kommt und geht zu seiner Zeit.

Die Demut

Das Maß

Demut ist gesammelte Kraft, denn sie ist ohne Eifer und bleibt in der Achtung vor den größeren Kräften, denen sie sich überlässt. Sie bezieht von diesen Kräften ihre eigene Kraft, und handelt mit diesen Kräften und aus dieser Kraft zur rechten Zeit. Doch so, dass sie das Maß behält und sich zurückzieht, wenn ihr Werk vollbracht ist. Sie verweilt bei dem, was sie geleistet hat, nur so lange als nötig und lässt es wieder frei und los. Gerade dadurch kann das, was sie in Gang gebracht hat, weiterwirken, ohne sich noch nach ihr umzuschauen und sich noch auf sie zu beziehen.

Auch der Demütige wird dadurch frei. Weil sein Handeln, sobald es vorbei ist, ihn nicht mehr festhält, kann er sich auf neues Handeln sammeln, ohne sich an das Geleistete zu verlieren.

Der Mut

Der Demütige fügt sich den Kräften, die er in allem machtvoll wirken sieht. Dagegen ist er anderen gegenüber standfest. Er kann weder durch ihr Lob noch durch ihren Tadel aus seiner Sammlung gebracht und von ihnen abhängig werden. Dadurch bleibt er in seiner Kraft und mächtig. Doch da er im Einklang mit jenen Kräften bleibt, die allen gleichermaßen dienen, wird sein Handeln mit Macht als wohltuend erlebt.

Der Demütige reißt andere mit, obwohl er sich zugleich zurücknimmt. Er öffnet Türen, durch die andere gehen dürfen, obwohl er selbst vielleicht zurückbleibt. Doch manchmal geht er auch durch eine Tür, vor der andere stehen bleiben. Ihnen macht Angst, was sie dahinter erwartet. Sie können dem Demütigen erst dann auch auf diesem Weg folgen, wenn sie in den Einklang mit der gleichen Kraft gekommen sind, der er folgt.

Die Einsicht

Solche Demut kommt aus Einsicht. Sie ist angewandte Einsicht. Durch ihre Einsicht gewinnt sie ein hohes Maß an Unabhängigkeit. Aus ihr schöpft sie den Mut, auch dort entschlossen zu handeln, wo andere zögern.

Helfen als angewandte Einsicht, braucht diesen Mut und die Unabhängigkeit, wie sie ihm die Einsicht in das Gemäße gewährt. Daher sind die Demütigen oft Einzelgänger, die den anderen in ihren Gruppen zwar dienen, sich aber gleichzeitig dem Gruppendruck entziehen. Dennoch bleiben sie ihnen verbunden.

Man kann die Demütigen auch nicht verpflichten, außer es wäre im Einklang mit den sie tragenden Kräften. Doch auch hier nur so lange, als dieser Einklang währt.

Die Demut ist immer nüchtern. Sie bleibt bei der Sache und beim Ziel und wird nicht verführt durch Angebote, ihre Grenzen zu überschreiten. Sie erwartet daher nichts von den Göttern und dem ihnen ähnlichen Gott. Sie bleibt auch hier unabhängig, so verlockend deren Verheißungen und so einschüchternd ihre Drohungen auch sind. Denn über diese hinaus verharrt sie in Andacht vor der schöpferischen Bewegung, die für uns Geheimnis bleibt. Sie geht mit dieser Bewegung, wenn sie von ihr erfasst wird, und hält inne, wenn sie an ihr vorübergeht.

Die Demut ist ohne Sorge. Sie ist still, gelassen und heiter, denn sie ist erfüllt. Und sie ist weise, weil sie um ihre Grenzen weiß. Doch innerhalb dieser Grenzen freut sie sich an der Welt und ihrer Fülle und an allem, was sie ihr schenkt. Der Demütige trägt keinen Heiligenschein.

Die Größe

Es gibt aber auch eine falsche Demut, die sich eher drückt, als dass sie zupackt. Sie gibt nach, wo sie fordern und sie unterwirft sich, wo sie führen muss. Die falsche Demut hat Angst vor dem ersten Platz, obwohl sie nur auf ihm erreichen kann, was von ihr gefordert wird. Nur an der Spitze hat der Demütige manchmal die Macht, das zu tun, was die Einsicht ihm abverlangt. Die Demut braucht daher den Mut zur eigenen Größe, wenn diese ihrer Leistung und Aufgabe entspricht und daher gemäß ist.

Allerdings, wenn die Zeit des Rückzugs gekommen ist, tritt die Demut von dieser Größe auch mit Größe zurück. Denn sie ist, obwohl auf dem Weg, immer zugleich schon am Ziel.

DIE LIEBE

Die reiche Liebe

Die Liebe strömt. Sie ist ein Quell, der ständig aus der Tiefe nach oben und nach außen fließt. Er tränkt das trockene Erdreich tränkt und stillt das Verlangen der durstig nach ihm lechzenden Lebewesen. Doch aus welcher Tiefe kommt das Wasser, das die Quelle speist, sodass sie nicht versiegt? Von woher sammelt sich ihr Wasser in der Tiefe?

Konnten unsere Ahnen so lieben wie wir? Oder sammelt sich ihre Liebe über die Generationen hinweg und wird zu einem stillen See, aus dem sich unsere Liebe speist? Wird die Seele, wenn wir uns an die Liebe unserer Ahnen erinnern, dadurch reicher? Fließt in unserer Liebe ihre Liebe weiter und wird unsere Liebe durch ihre Liebe unerschöpflich reich? Schwingt ihre Liebe in unserer Liebe mit und singen sie in unseren Liebesliedern auch ihre Lieder?

Die geläuterte Liebe

Vielleicht ist es auch umgekehrt. Wenn ihre Liebe Schaden litt durch Schuld und schweres Schicksal, an denen sie verzweifelten und innerlich zerbrachen, wird dann unsere Liebe furchtsam und misstrauisch und blind und heimlich? Vielleicht ist es auch so, dass sie von uns erwarten und von uns erhoffen, dass wir das, was sie nicht leisten konnten, nachträglich für sie überwinden und zu Ende bringen? Dann hat es unsere Liebe auf der einen Seite schwerer. Doch auf der anderen Seite, wenn wir in ihrem Sinne das erfüllen, was ihnen zu erfüllen versagt geblieben war, dann fließt ihre Liebe geläutert und vollendet in unserer Liebe fort und gibt ihr einen eigenen Glanz.

Rilke sagt dazu in der dritten Duineser Elegie: „Siehe, wir lieben nicht, wie die Blumen, aus einem einzigen Jahr; uns steigt, wo wir lieben, unvordenklicher Saft in die Arme und kommt unserer Liebe zuvor." Zugleich macht uns das in unserer Liebe bescheiden. Wir werden vorsichtiger miteinander, rücksichtsvoller und lernen die Liebe täglich neu.

Die Liebe des Geistes

Was aber ist mit der Liebe des Geistes? Gibt es sie, und wie lernen wir sie? Sie ist wie der Geist nicht nur persönliche Liebe, sondern ist auf das Ganze gerichtet. Sie ist nicht nur Nächsten- sondern auch Fernstenliebe. Sie misst sich an der schöpferischen Bewegung, aus der alles, auch die persönliche Liebe, ihren Schwung und ihre Kraft beziehen. Sie nimmt in sich auf, was die persönliche Liebe ausschließt, wächst über sie hinaus und kommt in Einklang mit dem Ganzen, wie es ist, auch mit seiner dunklen, dem Licht abgewanden Seite. Doch sie ist nicht im Gefühl. Sie ist im Geiste.

Dennoch wirkt die Liebe des Geistes auf die persönliche Liebe zurück. Sie holt sie aus ihrer Vereinzelung, macht sie weit und nimmt sie in einen anderen, einen größeren Dienst. Dabei nimmt sie ihr vielleicht etwas von ihrer Innigkeit und schenkt ihr zugleich eine besondere Größe.

Die Liebe des Geistes ist schöpferisch und misst sich an dem, was sie schöpferisch bewirkt. Erst in dem, was sie schafft, erreicht sie ihre Vollendung.

82

Inneres Wachstum

Die Wirkung

Das Wissen

Angewandte Philosophie bewirkt etwas. Doch was ist es, was sie bewirkt? Bewirkt sie etwas wie eine Ursache, aus der sich notwendigerweise eine Wirkung ergibt? Oder schafft sie nur die Voraussetzungen für eine Wirkung? So wie das Wissen zum Beispiel die Voraussetzung für erfolgreiches Handeln sein kann, ohne dass es die Ursache für dieses Handeln sein muss? Denn das Handeln folgt einem Entschluss und einer Absicht und wird unmittelbar erst von diesen in Gang gesetzt. Dennoch gibt es diesen Entschluss und diese Absicht nicht ohne die entsprechende Erkenntnis, die ihnen vorausgehen muss.

Der Weg

Auch die Erkenntnis selbst ist nicht die Wirkung einer Ursache. Sie ergibt sich nicht aus einer von uns gesetzten Ursache, als folge sie ihr auf notwendige Weise. Dennoch wird sie durch bestimmte Schritte vorbereitet, zum Beispiel durch die phänomenologische Vorgehensweise. Wenn sie erfolgt, erscheint sie unabhängig von dem, was ihr vorausging. Dennoch steht sie mit ihm in Bezug.

Aus diesen Überlegungen ergibt sich, dass die Denkkategorie „Ursache-Wirkung" hier für sich allein nicht greift und daher auch nicht die mit dieser Denkkategorie aufs Engste verbundene und von ihr abhängige wissenschaftliche Vorgehensweise.

Die Sicht

Was ist es also, das bei der hier beschriebenen angewandten Philosophie wirkt? Es ist eine Veränderung in der Seele und im Geist. Es ist eine neue und eine andere Sicht, eine Einsicht, die plötzlich anderes, dem Leben auf besondere Weise dienendes Handeln möglich macht. Vor allem auch, weil sie bestimmtes Handeln – und sei es noch so eifrig betrieben – als von vornherein zum Scheitern verurteilt durchschaut.

Eine Wirkung der angewandten Philosophie in diesem Sinne ist es also, dass sie viele Versuche, etwas zu erreichen, schon gar nicht aufkommen lässt, oder dass sie, wenn sie dennoch unternommen werden, rechtzeitig abgebrochen und aufgegeben werden. Selbst wenn diese Versuche bis zum bitteren Ende fortgesetzt werden, wie zum Beispiel der Versuch, eine gescheiterte Ehe zu retten, fällt es rückblickend leichter, zu erkennen, warum dieser Versuch scheitern musste.

Die Anwendung

Eine andere Wirkung ist, dass wir, wenn wir diese Erkenntnis anwenden, innerlich wachsen. Vor allem deshalb, weil wir in der Anwendung dieser Erkenntnis Neues, das uns bisher unbekannt war, in uns aufnehmen und in uns zum Zuge kommen lassen können. Desgleichen weil wir einiges, was wir bisher nicht wahrhaben wollten oder das wir abgelehnt haben, nun anerkennen und in uns wirken lassen. Umgekehrt gestattet uns die Anwendung dieser Erkenntnisse, vieles loszulassen, was uns, weil wir es nicht durchschaut haben, gefesselt und am entscheidenden Handeln gehindert hat. Auch dadurch können wir wachsen.

Das Handeln

Da uns die wesentliche Erkenntnis ergreift, wird das ihr entsprechende Handeln für uns unausweichlich. Denn sonst war es keine wesentliche Erkenntnis. Sie treibt uns zu diesem Handeln und macht es möglich. In diesem Sinne wird sie Ursache und Wirkung zugleich.

Liebe Mutter

Die Trennung

Du warst eine gewöhnliche Frau, wie Millionen anderer Frauen auch. Es hat dich zu meinem Vater gezogen. Die Liebe und der Trieb haben euch verbunden, bis es so kam, wie es kommen musste: ihr wurdet Mann und Frau im vollen Sinn. So wurde ich gezeugt.

Du hast mich neun Monate in deinem Schoß getragen, in innigster Symbiose. Dann hast du mich zur Welt gebracht. Dein Körper hat mich auch nach der Geburt noch genährt, bis ich mich Schritt für Schritt von dir lösen konnte. Ich war aber immer noch für viele Jahre unter deiner Obhut und deiner liebenden Fürsorge.

Von Anfang an war ich an dich gebunden, erst in jeder Hinsicht unzertrennlich, dann körperlich von dir getrennt: mit großem Schmerz durch die Geburt und weniger schmerzlich, aber doch mit Wehmut, durch die Entwöhnung. Danach wurde ich fortschreitend selbstständig, bis ich das Haus verließ und von dir unabhängig wurde.

Wurde ich es auch innerlich? Kann ich es werden? Bin ich mit dir in meiner Seele nicht noch immer eins?

Das Göttliche

Die Frage ist: Bist du es, so wie du warst, nach der sich meine Seele sehnt, mit der sie eins sein will, von der sie immer noch etwas erwartet? Ist der Glanz, der dich umgibt, dein eigener Glanz? Verweigere ich dir durch diese Bilder und diese tiefe Sehnsucht und Erwartung die Achtung, die dir als Mensch, so wie du warst, gebührt? Hat sich in dir vielleicht nur etwas anderes verdichtet, das über dich hinausgeht und du nur dessen Abglanz bist? Ist es nur dessen Macht und Größe, die in dir groß und mächtig ist, und dessen Liebe und dessen über Tod und Leben verfügende Gewalt? In dir ist es verkörpert, scheint durch dich hindurch, zieht mich an und bleibt doch unerreichbar, ist nah und fern zugleich.

In dir ist mir das Göttliche so nah, als könnte ich es greifen. Und doch stehst du mir auf dem Weg dorthin zugleich im Weg. Denn wo ich weitergehen müsste, bleibe ich bei dir, als wärest du mein Himmel und mein Ziel.

Der Grund

Wie finde ich dann über dich hinaus zu meines Lebens letztem Grund? Ich lasse dich zurück, werde vor dir einfach, ziehe meine Erwartungen und meine Sehnsucht, die über das hinausgehen, was du als Mensch mir schenken und gewähren kannst, von dir zurück und sehe dich als Mensch, einfach als Mensch. Mit Licht und Schatten, begrenzt und groß zugleich, auch in allem, was dir nicht gelang, sogar auch deine Schuld, wenn je es einem Kind erlaubt ist, es so zu sehen und zu sagen.

Die Sehnsucht

Was mache ich dann mit meiner Sehnsucht und dem tiefen Wunsch, zu dir zurückzukommen und bei dir anzukommen? Wieder ein zu sein mit dir wie ganz am Anfang? Ach, diese Sehnsucht zu dir zurück zieht mich nur ab von einer anderen Sehnsucht, der Sehnsucht nach einer größeren, umfassenderen Einheit mit dem Grund des Lebens. Doch diese Sehnsucht ist, wenn sie ans Ziel kommt, gereinigt, ist jenseits der Gefühle. Sie ist geistig, klar, bewegt sich nicht, wird nur erfasst und lässt unendlich los.

Das Letzte

Doch was geschieht mit dir dann, liebe Mutter? So wie du mir nicht mehr im Wege stehst, weil ich mich über dich hinaus bewege, so steh auch ich dir nicht im Wege mehr und halte dich nicht mehr zurück durch Sehnsucht und Erwartung. Nun bist auch du von mir her für das Letzte frei.

Kind sein und Kind bleiben

Das Einverständnis

Wenn ich auf meine Mutter schaue und auf meinen Vater, wenn ich mich vor ihnen als Kind sehe und wenn ich zustimme, dass ich vor ihnen immer ein Kind bleibe, bin ich auf eine besondere Weise mit dem Leben verbunden und mit der Erde. Ich weiß mich mit dem, was vor mir war, verbunden. Damit bin ich der Überheblichkeit entzogen und kann mit meinem Leben, wie es mir gegeben ist und mit allem, was zu ihm gehört, in tiefem Einverständnis und Einklang sein.

Das Eigene

Natürlich muss ich mich, um erwachsen zu werden und Eigenes zu leisten, von meinen Eltern auch lösen,. Vielleicht fühle ich in mir auch eine besondere Berufung oder Aufgabe jenseits meiner Eltern und sogar über sie hinaus. Doch kann das gegen meine Eltern sein? Haben nicht auch sie sich von ihren Eltern gelöst, um Eigenes zu leisten? Zum Beispiel um meine Eltern zu werden und mich zu nähren, zu pflegen, zu erziehen und zu fördern, bis auch ich mich von ihnen lösen konnte, um selbstständig zu werden und zu sein? Dann fühle ich mich von ihnen unabhängig und frei.

Der Einklang

Bin ich es aber wirklich? Löse ich mich dadurch nicht auch von dem, was sie zu meinen Eltern gemacht hat? Von der schöpferischen Bewegung, die das Leben trägt, bestimmt und steuert? Verliere ich dadurch vielleicht meine Bodenhaftung und meine, aus eigener Kraft mein Leben bestimmen und steuern zu können und sogar das Leben anderer Menschen?

Wenn ich mir aber bewusst bin, dass ich immer das Kind meiner Eltern bleibe, dass auch das, was ich an Möglichkeiten habe, letztlich durch sie auf mich übergegangen ist und dass ich nur durch sie mit den bestimmenden und schöpferischen Kräften des Lebens als Ganzes verbunden und an sie angeschlossen wurde und es noch immer bin, bringt mich die Zustimmung zum Kind sein – jetzt auch in einem umfassenderen Sinn – am vollkommensten mit dem Leben in seiner Fülle in Einklang. Statt klein, macht es mich groß, statt unmündig, mündig, statt abhängig, für das dem Leben wirklich Dienende frei.

Die Verantwortung

Die Einsicht in diese wesentliche Abhängigkeit ist eine philosophische Einsicht. Sie kommt nicht aus dem Gefühl, auch nicht aus der Seele. Sie ist geistige Einsicht. Das Handeln gemäß dieser Einsicht ist vernünftiges Handeln, ist angewandte Philosophie, ist Gehen mit dem Geist.

Wie folgenschwer diese Einsicht für unser alltägliches Handeln sein kann und was sie uns abverlangt, erfahren wir in unseren Beziehungen, vor allem dort, wo wir Verantwortung für andere übernehmen wollen und müssen. Wenn wir im hier genannten Sinne Kind bleiben, sind wir dagegen gefeit, uns über sie zu erheben. Dann dürfen auch sie wie wir Kind ihrer Eltern sein und durch sie auf ihre besondere Weise mit dem Leben als Ganzem verbunden.

Wer darf sich dann zum Beispiel um sie Sorgen machen, als hinge ihr Glück und ihr Schicksal von ihm ab, außer im alltäglichen Sinne, wo wir uns gegenseitig helfen, das Leben zu erfüllen und zu meistern. Zum Beispiel ihnen helfen so wie Eltern ihren Kindern helfen oder Lehrer ihren Schülern, wo es um die Hilf zur Selbstständigkeit geht oder um die Weitergabe von Wissen, Erfahrung und Fertigkeiten.

Der Schutz

Wie ist es aber mit den Weltanschauungen und den Heilslehren? Wer kann sich so etwas herausnehmen, wenn er wirklich Kind bleibt und wenn er die anderen als Kinder ihrer Eltern sieht und er sie die Kinder ihrer Eltern bleiben lässt?

Wir sind gegen sie gefeit, wenn wir im Innersten die Kinder unserer Eltern bleiben und Kinder bleiben vor dem Leben, das uns durch sie erreicht hat. Und wenn wir zugleich jene, die uns mit solchem Anspruch belehren und in ihren Dienst zu nehmen versuchen, auch nur als Kinder ihrer Eltern sehen und sie die Kinder ihrer Eltern bleiben lassen.

Gibt es etwas, das mehr der Liebe dient und der gegenseitigen Achtung und dem Frieden? Und was wäre, um das hier auch zu erwähnen, von der inneren Haltung her heilender und helfender und dem Geiste gemäß?

DER EIGENNUTZ

Der Dienst

Nur was mir dient, kann auch anderen dienen. Nur die Erkenntnis, die mir hilft, kann auch anderen helfen. Daher gehe ich den Erkenntnisweg zuerst für mich. Ich wende die auf ihm gewonnene Erkenntnis zuerst für mich an. Denn wie könnte ich anderen eine Erkenntnis im guten Sinne vermitteln und wie könnte ich anderen das aus ihr sich ergebende Handeln zeigen und sie dazu einladen, wenn ich diese Erkenntnis nicht zuerst selbst angewendet, ihren Wert an mir überprüft und für mich gut befunden habe. Hier ist der Eigennutz zugleich Dienst an anderen.

Die Liebe

Das Gleiche gilt für die Liebe. Wenn Liebe Einklang ist mit anderen und mit meiner Umgebung, dann zeigt sie sich zuerst im Einklang mit mir selbst, im Einklang mit meiner Gesundheit und mit dem, was meinem Wachstum dient. Sie zeigt sich wesentlich im Einklang mit meinen Eltern und mit meinen Ahnen, im Einklang mit meinem persönlichen Schicksal, meiner Begabung, meiner Berufung und im Einklang mit meinen Grenzen. Sie zeigt sich auch darin, dass ich bereit bin, mit anderen mein Leben zu teilen und für die Liebe anderer offen zu sein. Dann kommt meine Liebe für andere aus eigener Fülle, lässt sie an der eigenen Fülle teilhaben und nimmt an ihrer Fülle teil.

Dieser Eigennutz ist daher immer auch auf andere bezogen und hat sie mit im Blick.

Das Andere

Wir sind aber auch Teil einer Familie und einer Sippe und anderen größeren Gruppen, ohne die wir nicht leben und uns nicht entfalten könnten. Als Mitglieder dieser Systeme müssen wir im Dienste anderer und des größeren Ganzen manchmal das vordergründig Eigene zurückstellen. Auf diese Weise verzichten Eltern auf viele eigene Wünsche, um für ihre Kinder da zu sein. Ebenso die Kinder, wenn ihre Eltern sie brauchen. Zum Beispiel wenn sie der Pflege bedürfen.

Aber auch die größere Gemeinde und der Staat verlangen von ihren Mitgliedern oft, dass sie den eng gesehenen Eigennutz zu Gunsten einer für die Gemeinschaft notwendigen Entwicklung zurücklassen. Zum Beispiel indem sie Steuern zahlen, aber auch indem sie gegebenenfalls, wenn Not am Mann ist, ihr Leben einsetzen, wie etwa die Feuerwehr, die Ärzte, der Katastrophenschutz, die Polizei und die Soldaten.

Die Erfüllung

Solche Dienste für andere hinterlassen im Einzelnen ein Wertgefühl und eine tiefe Befriedigung. Er weiß sich in seiner Gruppe für seinen Einsatz geachtet und nimmt dadurch in ihr auch einen besonderen Platz ein.

Im entscheidenden Augenblick ist praktisch jeder bereit, auch sein Leben für andere einzusetzen. In dem Augenblick wird nämlich klar, dass uns zutiefst etwas, das über uns hinausreicht, wichtiger wird als das eigene Leben, dass in der Seele das Wohl der Gruppe, der wir angehören, Vorrang hat vor dem eigenen Vorteil. Erst in diesem Dienst kommen wir wirklich zu uns selbst und finden Erfüllung

DIE KONFLIKTE

Das Überleben

Alles Lebendige, so müssen wir auch an uns erfahren, wächst und entwickelt sich gegen vielerlei Widerstände. Das heißt, es ist nicht nur im Austausch mit seiner Umgebung, sondern auch in dauerndem Konflikt mit ihr. Dieser Konflikt geht so weit, dass wir oft, um zu leben und zu überleben, anderes Lebendige vernichten und uns einverleiben müssen. Wir müssen in diesem Konflikt erfahren, dass anderes Lebendiges auch uns bekämpft, sich gegen uns durchsetzt, ja auch uns sich einverleiben oder zumindest in unsere Grenzen weisen will. Daher können wir uns dem Konflikt auch nicht entziehen.

Das Ganze

Dennoch müssen wir das andere, das mit uns im Gegensatz und im Konflikt steht und mit dem auch wir von uns aus den Konflikt suchen und bestehen müssen, als im Ganzen gleichermaßen notwendig anerkennen. Wir müssen anerkennen, dass es von der schöpferischen Urkraft, die alles Lebendige in Bewegung hält, so gewollt und so in den Konflikt getrieben wird.

Was ergibt sich daraus als Schlussfolgerung? Im Blick auf das Ganze können wir uns und dem anderen gleichermaßen zustimmen, ob wir nun in diesem Konflikt die Sieger oder die Verlierer sind, die Täter oder die Opfer. Obwohl wir also in diesem Konflikt den anderen angreifen oder uns gegen ihn wehren, beides mit der notwendigen Entschlossenheit, können wir dabei von uns selbst auf eine Weise absehen, die es uns ermöglicht, mitten im Konflikt auf das Ganze ausgerichtet und auf das Ganze hin gesammelt zu bleiben. Das heißt, dass im Konflikt nicht nur wir selbst, sondern zugleich das Ganze sowohl angreift als auch sich wehrt, sodass wir mitten im Konflikt mit dem Ganzen und in ihm auch wir mit uns selbst und mit dem anderen im Einklang bleiben.

Leben und Tod, Sieg oder Niederlage, erscheinen dann in einem anderen Licht. Genau genommen gibt es im Ganzen weder das eine noch das andere als besser oder schlechter, größer oder kleiner. Alles dient dem gleichen Ziel und ist im Ganzen gleichermaßen aufgehoben. Daher kann ich im Konflikt den anderen angreifen und mich gegen ihn wehren, ohne gegen ihn zu sein, vor allem aber, ohne dabei die Verbindung zum Ganzen im innersten Gefühl zu verlieren. Denn dann hat sich meine Mitte von mir selbst auf das Ganze hin verschoben und ich gewinne von dort her sowohl meine Kraft als auch mein Maß.

Konflikte zwischen Gruppen

Den Konflikt gibt es aber nicht nur zwischen mir und einzelnen anderen, sondern auch zwischen der Gruppe, der ich angehöre, und einer anderen Gruppe. Ich werde also als Mitglied meiner Gruppe in den Konflikt mit einer anderen Gruppe hineingezogen und muss mich als Mitglied meiner Gruppe gegen eine andere Gruppe wehren und sie vielleicht auch bekämpfen. Denn so wie der Einzelne müssen sich auch die Gruppen im Konflikt behaupten, ja die Konflikte zwischen den Gruppen sind die eigentlichen Konflikte, weil auch die Einzelnen meist als Mitglieder ihrer Gruppe einander angreifen und sich gegen den anderen wehren.

Der Ausgleich

Die meisten Konflikte enden jedoch in einem Ausgleich. Er wird erreicht, wenn beide Parteien an die Grenzen ihrer Macht gekommen sind. Der Ausgleich sichert beiden das für sie Notwendige und Mögliche in gegenseitiger Anerkennung und dann auch in der gegenseitigen Unterstützung.

Ungelöste Konflikte in der Familie

Innerhalb einer Gruppe, vor allem innerhalb der Familie wird der Einzelne oft in einen ungelösten Konflikt aus der Vergangenheit seines Systems verstrickt, ohne dass er sich dessen bewusst wird. Das heißt, der ungelöste Konflikt setzt sich in seiner Seele fort und sucht dort nach einer Lösung. Er kann sie aber nicht finden, weil der Konflikt auf ein Familienmitglied verschoben ist, das weder die Kraft noch das Recht hat, diesen Konflikt zu Ende zu bringen und die ursprünglich miteinander im Konflikt stehenden Parteien miteinander zu versöhnen.

Zum Beispiel, wenn das Kind aus einer zweiten Ehe den Konflikt zwischen seinem Vater und seiner ersten Frau fortsetzt, indem es, ohne dass es sich dessen bewusst ist, gegenüber seinem Vater die gleichen Gefühle und die gleiche Verhaltensweise zeigt, wie diese erste Frau. Dann muss der Konflikt dort zu Ende geführt werden, wo er ursprünglich bestand.

Ungelöste Konflikte zwischen Völkern

Etwas Vergleichbares, aber mit ungleich größeren Folgen finden wir dort, wo die Nachfahren eines gedemütigten und unterworfenen und vielleicht sogar fast ausgerotteten Volkes den Konflikt der Vergangenheit in der Gegenwart zu Ende führen wollen. Zum Beispiel die Nachfahren der Opfer des Holocaust oder der Indianerstämme in Amerika.

Wo immer es solche Verschiebungen vergangener Konflikte in die Gegenwart gibt, werden die Konflikte weitergeführt, ohne dass sie zu Ende gebracht werden können. Solche Konflikte, statt dass sie wie die echten Konflikte dem Leben und Überleben und damit der Zukunft dienen, sind gegen das Leben und Überleben gerichtet. Sie sind rückwärts statt vorwärts gerichtet und opfern die Zukunft einer nicht mehr wieder zu belebenden Vergangenheit.

Die ursprünglich unterlegene Gruppe kann sich als Gruppe nur schwer aus der Hoffnung der Wiedergutmachung und des Sieges der Gerechtigkeit und der Umkehr der Niederlage in einem Anspruch in der Gegenwart lösen. Das ist, so wie es aussieht, nur Einzelnen möglich.

Der Verzicht

Was heißt das in der Praxis? Im Blick auf das Ganze, in dem auch die Völker so wie die Einzelnen entstehen und vergehen und beides im Ganzen aufgehoben ist, lösen sie sich von dieser Vergangenheit, lassen sie, ob nun versöhnt oder unversöhnt zurück, schließen sich den gegenwärtig mächtigen Gruppen an, verschmelzen mit ihnen und gewinnen so ihr Leben und Überleben frei von den Hoffnungen der Vergangenheit in der ihnen möglichen und offenen Gegenwart.

Dieser Schritt ist eine Leistung, eine geistige Leistung. Sie ist der Übergang aus der Enge der Vergangenheit in die Weite der Zukunft. Sie gelingt über die Einsicht in das in der Gegenwart Mögliche und in der Zustimmung zu jenem Ganzen, in dem vielleicht erst aus der begrabenen Hoffnung neues Leben sprießt.

Der Friede

Der Friede ist auf Erden. Hier ist er möglich, und hier wird er gesucht.

Die Gedanken

Wo beginnt der Friede? Er beginnt in unseren Gedanken. Er beginnt mit Gedanken des Friedens. Frieden heißt, dass Getrenntes wieder zusammenfindet und miteinander in Frieden lebt. Miteinander in Frieden leben heißt, dass man sich gegenseitig achtet, wie man ist, dass man die gegenseitigen Grenzen achtet, dass man sie nur mit gegenseitiger Zustimmung überschreitet und sich dann rechtzeitig wieder in die eigenen Grenzen zurückzieht.

Die Grenzen

Frieden heißt aber auch, dass wir dem, was wir aus unseren Grenzen verbannt haben, sodass es weder in uns noch anderswo einen Patz hat, unsere Grenzen öffnen und ihm innerhalb unserer Grenzen wieder Heimatrecht geben. Das aber beginnt in unseren Gedanken.

Was steht diesem Frieden in unseren Gedanken vor allem entgegen? Das Urteil. Das Urteil, dass die einen mehr Recht haben dazuzugehören, und andere weniger oder überhaupt nicht. Aber auch die Angst vor anderen, vor allem denen, denen wir und unsere Gruppe etwas schulden, weil wir an ihnen schuldig geworden sind. Die Angst, dass sie uns etwas wegnehmen und uns einschränken, wenn wir ihnen in uns wieder Heimatrecht geben.

Die Vergangenheit

Der Friede in den Gedanken beginnt also damit, dass wir in unseren Gedanken das Urteil und die Angst überwinden. Aber es ist nicht so sehr unser persönliches Urteil und unsere persönliche Angst. Es ist das Urteil und die Angst unserer Ahnen. Und es ist die Schuld unserer Ahnen und ihr Versuch, sie zu rechtfertigen. Sie urteilen durch uns, haben Angst durch uns, rechtfertigen sich durch uns und warten vielleicht, dass wir, damit sie zur Ruhe kommen, für sie den Frieden denken und suchen, der ihnen verwehrt war.

Wir denken also nicht alleine und nicht nur für uns alleine. Das aber ist der Anfang des Friedens: in uns, in unserer Familie und Sippe, und dann auch in unserem weiteren Beziehungsgeflecht.

Die Moral

Das Urteilen, die Angst, die Schuld und die Rechtfertigung bleiben unausweichlich, solange wir uns in den engen Grenzen der Moral und des Gewissens bewegen. Daher gehen unsere Gedanken, wenn wir das Urteilen, die Angst, die Schuld und die Rechtfertigung überwinden wollen, über diese Grenzen hinaus auf eine andere, höhere und weitere Ebene. Von oben und aus der Ferne betrachtet, gehören das Urteilen, die Angst, die Schuld und die Rechtfertigung zu jenem mächtigen Zusammenspiel der Lebenskräfte, die vordergründig miteinander im Konflikt sind, aber vom Ganzen und vom Ende her betrachtet, uns und das Leben zu umfassenderen Lösungen zwingen, zu Lösungen, die immer mehr Getrenntes miteinander in Einklang bringen. Das ist dann der Friede.

Der Konflikt

Dieser Friede ist daher keineswegs still. Er brodelt und drängt vorwärts. Er ist die Sammlung der Kräfte vor dem nächsten unausweichlichen Konflikt. Aber nun sind wir für den Konflikt auf andere Weise bereit. Wir erkennen schon zu Beginn, wo er hinführen wird und haben schon während des Konflikts den Frieden und das, was ihn bringen wird, vor Augen. Wir stellen uns dem Konflikt so, dass er sich mit einem Minimum eigenen Handelns erschöpfen kann. Zum Beispiel durch den rechtzeitigen Rückzug, durch die Zurückhaltung, welche die Kräfte der anderen Seite sich scheinbar ungehemmt ausbreiten und sie gerade dadurch erlahmen lässt.

Der Konflikt wird also nicht etwa mit Eifer oder Emotionen gemeistert, sondern im Geiste. Das heißt, im Blick auf das dem Konflikt Übergeordnete, dem er letztlich dient.

Damit sind wir schon während des Konfliktes innerlich dort, wo er hinführt – im Frieden.

Es ist vollbracht

Der Weg

Etwas ist vollbracht, wenn es endlich ausgeführt und wenn es so gelungen ist, dass ihm nichts mehr fehlt. Auf diese Weise wird ein Werk vollbracht, aber auch ein ganzes Leben. Nichts kann ihm hinzugefügt werden, es ist vollendet.

Damit etwas vollbracht werden kann, braucht es Zeit, manchmal eine lange Zeit. Es ist eine Zeit der Mühe, der Anstrengung, des Einsatzes aller verfügbaren Kräfte und auch des Verzichts. Der Lohn für die Mühe und das Aufatmen kommen nach der vollbrachten Tat und nach der vollbrachten Leistung. Was vollbracht ist, ist am Ziel und lässt uns die Mühen des Weges vergessen. Manchmal gehen diese Wege lange in die Irre, auch ein Erkenntnisweg, die Suche nach der wesentlichen Einsicht. Wenn diese Einsicht gefunden oder geschenkt wird, fällt etwas von uns ab. Auch hier wurde etwas vollbracht.

Das Große

Vollbracht wird immer etwas Großes, ja etwas Einzigartiges, etwas, das bleibt. Daher wird es auch nie aus eigener Kraft vollbracht, sondern von Kräften, die von uns Besitz ergreifen, schöpferische Kräfte, die uns in eine neue Richtung zwingen, auf etwas noch nie da Gewesenes, das entscheidend vorwärts bringt.

Von wem wird es dann vollendet und vollbracht? Von einer Macht, die im Werk auch uns vollendet. Wenn es getan, wenn etwas endlich überwunden ist, sagen wir zu dieser Macht und auch erleichtert zu uns selbst: „Es ist jetzt vollbracht."

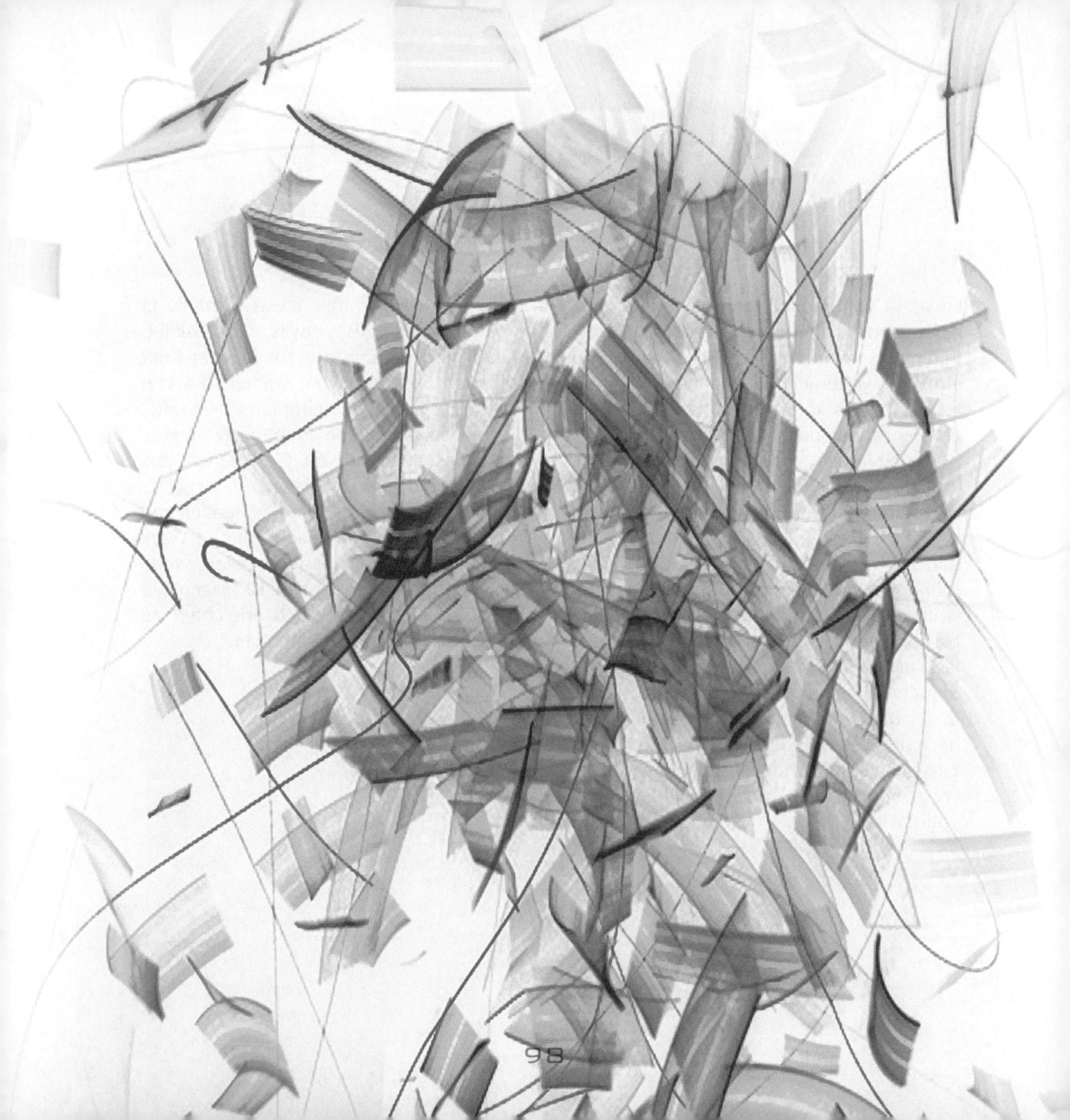

Wahrheit in Bewegung

GEHEN MIT DEM GEIST

Das Ganze

Gehen mit dem Geist ist Gehen mit dem Ganzen. Der Geist schließt alles mit ein. Das heißt, es kann durch den Geist so sein, wie es ist. Alles wird durch den Geist vergeistigt. Nicht wir vergeistigen es etwa, wenn uns der Geist erfasst. Wir erkennen es als ebenfalls vom Geist erfasst.

Im Gehen mit dem Geist werden die Unterschiede, die wir uns vordergründig zurechtgelegt haben, eingeebnet und überwunden. Nichts kann dem Geist entgegenstehen und ihn fesseln oder behindern. Er weht, wo er will.

Weht er auch in dem, was wir als böse erfahren, als gewalttätig, als Schuld und als Mord? Auch das ist vom Geist. Von woher sonst soll es denn kommen? Können wir den Geist von irgendetwas ausschließen? Was könnte denn unabhängig von ihm oder sogar gegen ihn bestehen?

Die Bewegung

Was heißt dann für uns: Gehen mit dem Geist? Dass wir uns von ihm auch mit dem, was wir bisher als ihm entgegengesetzt betrachtet und daher abgelehnt haben, in Berührung und in Einklang bringen lassen und mit ihm durch den Geist über alle Gegensätze hinweg eins werden. Denn der Geist ist das, was alles und alle verbindet.

Im Geist werden wir weit. Im Geist werden wir gelassen. Im Geist warten wir auch auf die rechte Zeit. Im Geist handeln und wirken wir auch zur rechten Zeit, doch nur so lange, als er es uns gestattet und er uns führt und trägt. Daher hören wir im Geist auch zur rechten Zeit auf und ziehen uns zurück.

Gehen mit dem Geist heißt in erster Linie: erkennen im Geist. Er übernimmt beim Erkennen die Führung und schenkt uns jene Erkenntnis, die ihm entspricht. Es ist die Erkenntnis, die uns das Gehen mit dem Geist ermöglicht.

Gehen mit dem Geist heißt aber auch, dass wir mit ihm dorthin gehen, wohin er uns führt. Das heißt, dass wir, von ihm geführt, allem zustimmen, wie er ihm zustimmt, und dass wir es wie er auch lieben.

Die Liebe

Diese Liebe ist nicht emotional. Sie ist Liebe im Geist. Das heißt, dass wir das andere lieben als vom Geist gewollt und geführt, nicht minder als wir selbst von ihm geführt werden. In solcher Liebe werden wir vergeistigt und handeln im Geist auf eine Weise, die dem Frieden und dem Einklang dient.

Weil wir dabei nur so weit gehen, als der Geist es will, wirkt der Geist in diesem Handeln, weht durch uns, ist durch uns wirksam da. Doch weil der Geist weht, wo er will, müssen wir uns, wenn wir mit dem Geist gehen, auf ständig anderes und Neues einstellen. Im Geist ist alles in Bewegung und im Fluss.

Gehen mit dem Geist ist Gehen mit einer schöpferischen Bewegung. Das Schöpferische aber ist immer neu, sowohl im Erkennen als auch im Handeln.

Das Gehen mit dem Geist ist leicht. Man lässt sich von ihm tragen wie ein Blatt vom Wind.

Der systemische Erkenntnisweg

Systemische Wahrnehmung

Wenn wir damit Ernst machen, dass wir in jeder Hinsicht eingebunden sind in unsere Familie und in unsere Umgebung und in die Menschheit als Ganzes, dann müssen wir Abschied nehmen von der Vorstellung, als würde uns als Einzelnen eine wesentliche Erkenntnis gelingen und geschenkt. Denken und Wahrnehmen können wir nur, weil auf gewisse Weise durch uns und mit uns auch unsere Eltern und Ahnen wahrnehmen und denken, und weil sie in uns und mit uns etwas erkennen und erreichen wollen, das auch ihnen zugute kommt und für sie etwas zu Ende bringt und vollendet.

Daher ist wesentliche Erkenntnis in zweifacher Weise systemisch. Einmal vom Antrieb und der Kraft her, über die sie beginnt, und dann vom Ziel und vom Ergebnis her, auf das sie sich richtet. Sie gelingt nur im Einklang rückwärts mit den eigenen Ahnen und der Welt als Ganzes, mit allem, was uns vorausging, und im Einklang nach vorn auf die von unseren Ahnen und dem sie einschließenden größeren System erhoffte und ersehnte Zukunft hin. Daher bleiben wir auf diesem Erkenntnisweg sowohl rückwärts wie vorwärts mit allem und allen verbunden und eins.

Systemische Absichtslosigkeit

Die wesentliche Erkenntnis vertieft die Bindung an unser System und wird erst im Einklang mit dieser Bindung und durch die Zustimmung zu ihr möglich. Nur über diese Zustimmung erreichen wir jene Absichtslosigkeit, die uns für die wesentliche Erkenntnis und für das aus ihr sich ergebende Handeln vorbereitet und befähigt. Denn diese Absichtslosigkeit ist nur eine persönliche, die uns von uns selbst als Einzelnen absehen lässt und uns so für eine andere Absicht, die sich unser bedient, offen und verfügbar macht.

Das Geistige

Das Geistige, das alles durchwirkt, kann ja nur als mit allem gleichermaßen verbunden vorgestellt werden und in einer Bewegung, in der das Vergangene keineswegs vorbei ist, sondern in der Gegenwart sich auf eine Zukunft weiterentwickelt, in die sie mitgenommen wird und in der sie mit wirkt.

Das Geistige wird manchmal als über dem Seelischen und dem Körperlichen stehend beschrieben und als dem Einzelnen als Einzelnem erreichbar, wenn er sich von allem anderen, das unterhalb des Geistigen gedacht wird, löst, sodass er durch das Geistige allein vergeistigt wird. Das Geistige kann aber nur so von uns gedacht werden, dass es die bewegende Kraft hinter allem sein muss und daher auch das alles Seiende miteinander Verbindende. Daher kann der Einzelne nur im Einklang mit allem anderen Geistigen in Verbindung sein. Er kann es nur erkennen, wenn er sich als Teil eines Systems weiß. Er kann sich auch nur dann dem Geistigen entsprechend verhalten, wenn er im Bezug zu allem anderen Seienden bleibt.

Das Geistige ist also systemisch. Es wirkt immer systemisch und ist von allem anderen, das auch zum Ganzen gehört, weder abgehoben noch von ihm zu trennen. Das heißt natürlich auch, dass alles Seiende nur systemisch vorgestellt werden kann und wir es nur systemisch erkennen können. Alles, was uns vom Alltäglichen trennt und von unserem System, alles, was sich über unsere alltäglichen Bedürfnisse hinwegsetzen will und über unser alltägliches auf andere Angewiesensein und über die damit verbundene eigene Not, verleugnet nicht nur die grundlegenden Voraussetzungen unseres Daseins, es ist auch wesentlich geist-los. Als nur Einzelne oder als von unserem System Unabhängige und Freie sind wir weder da noch vorstellbar.

Die Ahnen

Was steht also der systemischen Erkenntnis als der eigentlichen Wesenserkenntnis im Weg? Es ist der Versuch, uns von unseren Ahnen und anderen, die auch noch in unsere Gegenwart hereinwirken, abzusetzen. Zum Beispiel, indem wir uns über sie erheben und uns für besser, weiser, fortgeschrittener halten. Oder indem wir sie und ihre Taten verurteilen, uns von ihnen distanzieren und von ihnen unabhängig werden wollen. Oder indem wir sie erinnern, um sie abzulehnen, wie das zum Beispiel viele Deutsche mit Hitler und seinen Anhängern tun.

Doch wie kann jemand die Wirklichkeit erkennen, wenn er mit ihr nicht in vollem Einklang ist? Wie viel Kraft hat er, Wesentliches zu bewirken, wenn er etwas, das auch ihn im Innersten mitbestimmt, zu verleugnen und aus sich zu verbannen sucht? Systemisch gesehen, gehört die ganze Vergangenheit zu uns, will durch uns weiterwirken, und zwar systemisch.

Was heißt das im Einzelnen? Systeme sind in Unordnung, wenn sie unvollständig sind, das heißt, wenn einige, die auch dazugehören, ausgeklammert oder ausgeschlossen bleiben und daher nicht alle, die dazugehören, anerkannt und miteinander im Einklang und versöhnt sind. Erst dann kommt ein System zur Ruhe. Wer sich daher systemisch verhält und dem System erlaubt, durch ihn zu wirken, der wird in eine Bewegung mit hinein genommen, die das in diesem System noch Unversöhnte zueinander führt, sich zuerst in ihm versöhnt und dann durch ihn mit seinem Umfeld.

Die Versöhnung

Systemische Erkenntnis ist daher Erkenntnis, die erkennt, was diese Versöhnung möglich macht und was sie behindert. Systemisches Handeln ist Handeln gemäß dieser Erkenntnis und bringt das bisher Unversöhnte in Einklang.

Was sind die Schritte auf diesem Weg? Erstens das innere sich Einfügen in das System, dem wir angehören. Man taucht also gesammelt in dieses System ein, jedem zustimmend, wie er ist oder war, auch seinem Schicksal, seiner Schuld, seinem Leid, wie immer es ist oder war. Ohne Urteil, ohne Anklage, ohne Bedauern, ohne jemanden mehr oder weniger zu mögen, auch ohne den Wunsch oder die Hoffnung für irgendjemanden etwas nachzuholen oder in Ordnung zu bringen. So werden wird in diesem System allen anderen gleich, werden vollständig einer von ihnen, werden so auf einmal von allen gleichermaßen getragen und erfassen so, was alle in diesem System als Einzelne und Ganzes wollen, bewegen uns ohne eigene Absicht mit diesem System in die Richtung, die es nehmen will und muss. In dieser Bewegung erkennen wir, was dieses System will oder braucht, auch was unser Platz und unser Auftrag in dieser Bewegung sein wird, und gewinnen so für uns und dieses System die wesentliche Erkenntnis, die wesentliche systemische Erkenntnis.

Der Einklang

Zu dieser wesentlichen Erkenntnis gehört auch, dass es nicht so sehr wir sind, die uns in dieses System einfügen und die allen in diesem System einen Platz im eigenen Herzen geben, sondern dass eher umgekehrt dieses System und alle, die zu ihm gehören, uns in dieses System aufnehmen und uns in ihm willkommen heißen. Es sind vor allem auch jene, die wir vorher ausgeschlossen und vergessen haben und die wir meinten, verurteilen zu müssen. Aber auch jene, die wir bedauert haben, deren Schicksal uns Angst gemacht hat oder deren Sache wir zu unserer machen zu müssen meinten, um ihnen nachträglich noch Recht und Genugtuung zu verschaffen. Auf einmal werden wir vor ihnen still und klein und im tiefsten Sinne vor ihnen absichtslos, nun auch systemisch absichtslos. Dann erst kommen sie in uns und durch uns wirklich zum Zuge, geben uns Anteil an ihrer Einsicht als solche, die uns in jeder Hinsicht voraus sind. Sie sind auch im Handeln, das dieser Einsicht folgt, die steuernde und tragende Kraft.

Der zweite Schritt ist, dass wir diese Haltung durchhalten, auch im Angesicht diverser moralischer Forderungen an uns, die uns zur Parteinahme für oder gegen jemanden verführen oder zwingen wollen, als dürfte unser Herz nur für einige schlagen.

Wer sich auf den systemischen Erkenntnisweg begeben hat, dessen Herz schlägt im Einklang mit der Welt, wie sie ist. Das aber ist Liebe, die eigentliche Liebe.

Die andere Ordnung der Liebe

Geistige Felder

Ich möchte zunächst etwas sagen über geistige Felder. Das Feld im ursprünglichen Sinn ist ein umschriebener Bereich mit festen Grenzen, auf dem etwas Besonderes gesät und geerntet wird. Im übertragenen Sinn ist ein Feld ebenfalls ein umschriebener Bereich mit eigenen Grenzen, in dem etwas Besonderes vor sich geht. In diesem Sinne sprechen wir zum Beispiel von Arbeitsfeldern oder von Energiefeldern, wie etwa einem elektromagnetischen Feld. Diesen Feldern ist gemeinsam, dass sie eine bestimmte Reichweite haben und dass innerhalb ihrer Grenzen etwas Besonderes passiert.

Gibt es auch geistige Felder? Geistig hier in dem Sinne, dass das Besondere in ihnen nicht messbar ist. Dennoch geschieht etwas in ihnen, und auch sie sind begrenzt. Geistig ist daher hier nicht in einem umfassenden Sinn zu verstehen, etwa im Sinne der schöpferischen Urkraft, die wir hinter aller Bewegung als diese ordnende und steuernd vermuten oder erahnen. Die geistigen Felder, von denen ich hier spreche, sind erfahrbar.

Der ausgedehnte Geist

Die morphischen Felder, wie Rupert Sheldrake sie beschreibt, sind geistige Felder dieser Art. Sheldrake spricht in diesem Zusammenhang daher auch von „extended mind", also von einem ausgedehnten Geist. Dieser Geist ist nicht auf den Menschen beschränkt. Innerhalb dieses geistigen Feldes sind bestimmte Wahrnehmungen und sind Verständigung und Beziehungen möglich.

Sprachfelder

Auch die Sprache ist offensichtlich ein solches geistiges Feld. Menschen, die viele Sprachen beherrschen, haben die Fähigkeit, sich in deren Felder einzufühlen und werden durch das Feld einer Sprache befähigt, diese Sprache zu verstehen und zu sprechen. Wenn Menschen im

Trance plötzlich in einer anderen Sprache sprechen, haben sie deren Feld betreten und werden von ihm gesteuert. Von daher lässt sich auch das „in fremden Zungen sprechen" erklären, von dem Paulus im ersten Korintherbrief spricht, und von dem es auch andere Zeugnisse gibt.

Von daher lassen sich vielleicht auch eher jene Phänomene verstehen, die sich bei so genannten Rückführungen in ein früheres Leben zeigen. Auch die Vorstellung der Reinkarnation hängt vielleicht mit solchen Erfahrungen zusammen. Es wäre dann aber weniger das eigene Feld, mit dem jemand in Berührung kommt, sondern ein anderes Feld, das aber wie das eigene Feld erfahren wird.

Fremde Felder

Ein anderes Feld zieht manchmal bestimmte Menschen auch an und nimmt von ihnen Besitz, ohne dass sie sich dagegen wehren können. Wir können das bei manchen Heilern beobachten, zum Beispiel solchen, die mit bloßen Händen oder mit gewöhnlichen Messern und Scheren erfolgreich und für den Patienten schmerzfrei operieren. Sie sind während des Vorgangs außer sich, in einem anderen Feld. Sie wachen danach auf, ohne sich zu erinnern, was durch sie geschah. Vielleicht geschieht etwas Ähnliches auch bei den Seelenreisen der Schamanen.

Das schöpferische Feld

In der großen Dichtung und der großen Kunst, treten der Dichter und der Künstler auch in anderes Feld oder es nimmt von ihnen Besitz. Sie empfangen ihre Inspiration aus diesem Feld und werden während des schöpferischen Vorgangs von Kräften gelenkt und getragen, die sie als von außen kommend erfahren. Auch sie wachen danach auf, als seien sie aus einem anderen Feld in die Gegenwart zurückgekehrt. Ähnliches geschieht dort, wo eine entscheidende, weittragende Erkenntnis gelingt.

Hier kommt allerdings im Vergleich zu den vorher beschriebenen Feldern ein schöpferisches Element mit ins Spiel, das etwas Neues, bisher noch nicht da Gewesenes ermöglicht und schafft. Dieses Feld ist in einem besonderen Sinne ein geistiges Feld, da es keine Grenzen kennt, zumindest keine, die wir wahrnehmen können. Dieses schöpferische Geistige wirkt offensichtlich auch in die anderen geistigen Felder innerhalb ihrer Grenzen hinein und erweitert sie.

Ein solches in besonderem Maße geistiges Feld betreten wir manchmal, wenn wir bestimmte Bücher lesen oder befragen. Zum Beispiel das I-Ging. Wenn gesammelt befragt, gibt es uns Auskunft über unsere gegenwärtige Situation und welches Handeln angebracht ist. Allerdings auf eine schöpferische Weise, indem es den Einzelnen mit einem umfassenden Feld in Berührung bringt, in dem die Grenzen zwischen Gegenwart und Zukunft aufgehoben erscheinen, etwas, was wir auch in anderen Zusammenhängen erfahren. Zum Beispiel wenn jemand den Tag und die Stunde des Todes einer anderen Person voraussieht, oder auch die seines eigenen Todes zumindest ahnungsweise.

Rilke beschreibt dieses umfassende Feld, offenbar aus eigener Erfahrung, im folgenden Bild:

„Mir stellt es sich mehr und mehr so dar, als ob unser gebräuchliches Bewusstsein die obere Spitze einer Pyramide bewohne, deren Basis in uns (und gewissermaßen unter uns) so völlig in die Breite geht, dass wir, je weiter wir uns in sie niederzulassen uns befähigt sehen, desto allgemeiner einbezogen erscheinen in die von Zeit und Raum unabhängigen Gegebenheiten des Irdischen, des im weitesten Begriffe weltischen Daseins. Ich habe seit meiner frühesten Jugend die Vermutung empfunden (und habe ihr auch, wo ich dafür ausreiche, nachgelebt) dass in einem tieferen Durchschnitt der Bewusstseinspyramide uns das einfache Sein könnte zum Ereignis werden, jenes unverbrüchliche Vorhanden- und Zugleich-Sein alles dessen, was an der oberen „normalen" Spitze des Selbstbewusstseins nur als Ablauf zu erleben verstattet ist.

Krankheitsfelder

Auch bestimme Krankheiten haben ihre Felder. Sie treten zum Beispiel gleichzeitig an unterschiedlichen Orten auf. Wenn sie an dem einen Ort durch ein neues Medikament geheilt werden können, verschwinden sie manchmal auch an anderen Orten ohne dieses Medikament. Man hat das zum Beispiel bei der Tuberkulose beobachtet. Auch die Hysterie trat innerhalb eines Feldes auf und ist heutzutage praktisch verschwunden.

Zum Feld der Krankheiten gehören auch ihre Heilmittel. Wem der Zugang zu diesem Feld gelingt, der kann diese Heilmittel finden und die zu ihnen gehörenden Krankheiten beeinflussen und lindern oder heilen. So etwas sehen wir zum Beispiel bei den Bachblüten oder der heilenden Anwendung bestimmter Mudras und Mantras, oder unter dem Einfluss der Kabbala beim Nennen bestimmter Namen und Zahlen. Auch das Testen von Arzneimitteln in der Homöopathie über die gefühlte Übereinstimmung mit einer Krankheit gehört hierher.

Die Felder beim Familien-Stellen

Bis hierher konnte man mir vielleicht folgen. Doch nun wage ich mich in einen Bereich vor, in dem vieles dunkel bleibt. Daher ist das, was ich dazu sage, mit Vorbehalt zu betrachten. Ich rede hier von Erfahrungen, wie sie während des Familien-Stellens, vor allem auch in seiner weiterentwickelten Form, laufend gemacht werden und deren Tragweite für mich noch nicht abzusehen ist.

Das Äußere lässt sich einfach beschreiben. Jemand wählt Stellvertreter für Mitglieder seiner Familie, zum Beispiel für seinen Vater, seine Mutter und seine Geschwister, einschließlich seiner selbst, und stellt sie räumlich in Beziehung zueinander. Plötzlich fühlen sie wie die Personen, die sie vertreten, ohne dass sie etwas von ihnen wissen. Sie bewegen sich auch wie die Personen, die sie vertreten und wie es deren Situation entspricht, als seien sie von einer anderen Kraft in Besitz genommen und gelenkt. Zum Beispiel fühlt einer einen stechenden Schmerz im Rücken an einer bestimmten Stelle, und es kommt ans Licht, dass die Person, die er vertrat, an dieser Stelle durch einen Schuss verwundet worden war. Oder jemand kann auf einmal nicht mehr hören, und es stellt sich heraus, dass die Person, die er vertrat, schwerhörig war. Oder, wie mir aus Taiwan berichtet wurde, sprach ein Stellvertreter für jemanden, der zu den Ureinwohnern von Taiwan gehörte, plötzlich in dessen Sprache.

Aber auch der Klient selbst, wenn er alleine aufgestellt wird, fühlt und bewegt sich plötzlich auf eine ihm zunächst fremde Weise. Manchmal kommt dabei etwas ans Licht, was er verdrängt oder vergessen hatte. Zum Beispiel eine Schuld. Oft aber spürt er, dass er von einer anderen Person gleichsam besessen ist und er deren Gefühle und deren Antriebe übernommen hat, sodass diese Person durch ihn wirkt. Wir sehen das zum Beispiel bei manchen Selbstmordgefährdeten.

Also, sowohl die Stellvertreter als auch der Klient selbst treten beim Familien-Stellen in ein anderes Feld, fühlen und verhalten sich, wie es diesem Feld entspricht. Sie sind diesem Feld, solange sie in ihm verweilen, auch ausgeliefert. Für die Stellvertreter ist es relativ einfach, aus diesem Feld wieder herauszutreten. Für den Klienten ist es schwerer. Er ist sich seines Feldes ja nur bewusst geworden, ohne dadurch auch aus ihm heraustreten zu können. Dennoch, weil es ihm bewusst wurde, hat er bereits eine gewisse Handlungsfreiheit zurückgewonnen.

Die Stellvertreter, aber auch der Klient selbst, bewegen sich also in einem bestimmen Feld. Wenn sie sich auf einmal auf eine neue Weise bewegen, als es diesem Feld ursprünglich entspricht, wenn also durch ihre Bewegungen, in diesem Feld etwas in Ordnung bringen und lösen, wirken diese Veränderungen auf die abwesenden Mitglieder der Familie und des Feldes zurück, ohne dass sie etwas von der Aufstellung wissen. Das Familien-Stellen liefert unzählige Beispiele dafür.

Engere und weitere Felder

Zwischen den verschiedenen Feldern gibt es eine Rangordnung oder einen engeren und einen weiteren Bereich. Manche Felder wollen sich miteinander verbinden. Sie werden dadurch erweitert und sind den engeren Feldern übergeordnet.

Der entscheidende weitere und übergeordnete Bereich beginnt dort, wo die Unterscheidungen von Gut und Böse aufhören. Doch nicht etwa dadurch, dass wir das bewusst wollen oder es als richtig oder notwendig erfassen. Wenn die Stellvertreter gesammelt sind, beginnen sie von sich aus, unter dem Einfluss einer unwiderstehlichen Bewegung, bisher Getrenntes miteinander zu verbinden und zu versöhnen. Zum Beispiel Mörder und ihre Opfer.

Ich habe das auf besonders eindrucksvolle Weise in einem Gefängnis in London erlebt, als ich Stellvertreter für den anwesenden Mörder und sein Opfer aufgestellt habe und der ganze Vorgang der Versöhnung ohne Eingriff von außen in einer Bewegung wie von selbst ablief. Angefangen vom Schmerz und der Verzweiflung des Mörders und der Wut des Opfers, bis hin zum gegenseitigen Sich-in-die-Augen-Schauen, der Umarmung und des endlich voneinander Lassens.

Offensichtlich wirkt hier ein geistiges, schöpferisches Feld, das unser Gefangensein in engere Felder aufhebt und uns aus ihren Fesseln löst.

Die Toten

Noch etwas anderes ist hier zu bedenken. In diesen Feldern wirken die Toten, als seien sie noch da. Auch sie fühlen und bewegen sich über ihre Stellvertreter, als sei für sie etwas noch nicht abgeschlossen, als müsste noch etwas geschehen, bevor sie ihre Ruhe finden. In diesen Feldern ist also das Vergangene gegenwärtig. Gleichzeitig kann in diesen Feldern etwas Vergangenes, das noch nicht zu Ende gebracht und gelöst wurde, so zu Ende gebracht werden, dass die Mitglieder dieses Feldes in der Gegenwart nicht mehr von ihm gefangen und auch nicht mehr außer sich gebracht werden können.

Man kann das vergleichen mit einem Trauma und dem, was ein Trauma zu Ende bringt und auflöst. Peter Levin beschreibt das Trauma als eine nicht zu Ende gebrachte Bewegung. Zum Beispiel wenn jemand vor Schrecken erstarrt ist. Das Trauma wird aufgelöst, indem die unterbrochene Bewegung wieder aufgenommen und zu Ende geführt wird, allerdings unter Bedingungen, welche diese Bewegungen schrittweise ermöglichen, also immer nur so weit, als es für den Betroffenen erträglich bleibt.

Auch Tote bleiben manchmal in einem Trauma gefangen – so wenigstens zeigt es sich beim Familien-Stellen. Es sind vor allem jene, die eines plötzlichen gewaltsamen Todes starben. Zum Beispiel bei einem Unfall oder in Kampfhandlungen oder bei einer Hinrichtung und oft auch bei Selbstmord. Etwas bleibt für sie noch unvollendet, zum Beispiel ein Abschied oder eine Wiedergutmachung.

Während des Familien-Stellens kann das Fehlende nachgeholt werden, sowohl für die Toten als auch für die Lebenden. Das Sterben und der Abschied werden auf diese Weise vollendet. In einer Aufstellung zeigt sich das darin, dass die Stellvertreter der Toten die Augen schließen.

Darüber hinaus sind auch ganze Gruppen in einem Trauma gefangen, das nach der es vollendenten Bewegung verlangt, damit es vorbei sein kann. Dann bewegt sich ein ganzes Volk in einem solchen Feld, das den Späteren keine Ruhe lässt und in ihnen das Trauma wieder belebt, zum Beispiel in einem Krieg. Anne Ancelin Schützenberger hat das am Beispiel der Auseinandersetzungen zwischen den christlichen Serben und den moslemischen Albanern anschaulich beschrieben.

Der Antisemitismus

Das Gleiche gilt für den im christlichen Europa noch immer weiterwirkenden Antisemitismus. Er nährt sich aus einem Feld, weil in diesem Feld ein Trauma weiterwirkt, das noch nicht in einer versöhnenden Bewegung zu Ende und zur Ruhe gebracht wurde. Genau genommen sind es zwei Felder. Erstens, das Feld der Opfer und ihrer Nachkommen. In ihm wirkt das Leid, das dem jüdischen Volk über die Jahrhunderte zugefügt wurde, weiter, weil es vom Feld der Täter abgeschnitten bleibt. Zweitens das Feld der Täter und ihrer Nachkommen. In ihm wird die Schuld am jüdischen Volk verleugnet oder verharmlost oder gerechtfertigt. Daher können sie den Opfern nicht entgegenkommen mit einer ihrer Schuld entsprechenden Trauer und Scham.

Dabei zeigt sich, dass ein kollektives Trauma von den Nachkommen allein nicht aufgelöst werden kann. Sie wiederholen es nur. Der Holocaust ist ein Beispiel dafür. Es müssen sich zuerst die ursprünglichen Täter und Opfer begegnen. Im kleinen Kreis kann das über Stellvertreter beim Familien-Stellen geschehen. Ob das auch im größeren Kreis möglich sein kann und wie, werde ich weiter unten zu beschreiben versuchen.

Hier möchte ich zuerst noch Genaueres über diese traumatischen Felder sagen. Unter dem Einfluss der großen traumatischen Felder werden manchmal ganze Völker wie in einem Wahn zu mörderischen Konflikten getrieben. Sie wiederholen als Gruppe ein altes Trauma, ohne es jedoch zu Ende zu bringen und wirklich zu lösen.

Der Holocaust ist dafür ein Beispiel. Sowohl die Verfolger als auch die Verfolgten haben sich gemäß der schon seit lange wirksamen Felder zwischen Juden und Christen verhalten. Die einen brutal, die anderen ohnmächtig duldend. Deswegen bringt es auch wenig, Einzelne für die Morde verantwortlich zu machen oder den jüdischen Opfern vorzuwerfen, sie hätten sich nicht genügend gewehrt. Noch weniger hilft es, den Nachkommen ins Gewissen zu reden und sie an das, was geschehen ist, abschreckend zu erinnern.

Wie wenig das hilft, zeigt das Fortwirken des Antisemitismus, vielleicht nicht so sehr offen, wohl aber geheim. Dass auch viele Juden ihrerseits in diesem Feld gefangen sind, sehen wir daran, wie sehr sie sich weiterhin als Opfer fühlen und verhalten. Auch sie können als Einzelne sich nicht daraus lösen.

Die Versöhnung innerhalb der Felder

Gibt es eine Möglichkeit, dass sich die Einzelnen und die Gruppen als Gruppen aus diesen traumatischen Feldern lösen und so die alten kollektiven Traumen ihr Ende finden?

Beim Familien-Stellen habe ich dazu ansatzweise etwas versucht. Zum Beispiel konnte man sehen, dass die Stellvertreter von Tätergruppen, wie etwa der Roten Garden der chinesischen Kulturrevolution oder der japanischen Soldaten, die an den Massakern in Nanking beteiligt waren, im Angesicht der Opfer ungerührt blieben. Sie blieben noch in ihren Feld. Versöhnung war nur innerhalb des Feldes der Opfer möglich.

Zum Beispiel hat der Stellvertreter des Großvater einer Klientin, der von den Japanern bei diesem Massaker erschossen worden war, in der Familie aber nicht mehr erwähnt wurde, auf dem Boden liegend weinend die Arme nach dieser Enkelin ausgestreckt. Sie hat sich zu ihm hinuntergebeugt, hat ihm gesagt: „Lieber Opa, ich sehe dich, ich liebe dich." Dann haben sie sich innig umarmt. Nach einer Weile ließ er los und hat die Augen geschlossen. Eine für ihn wichtige Bewegung wurde hier nachgeholt und für ihn und für seine Enkelin zu Ende geführt.

Einzelne, sowohl im Feld der Opfer wie im Feld der Täter, also die Nachkommen der Opfer und der Täter, können innerhalb ihres Feldes die versöhnende Verbindung zu ihren Ahnen erreichen, indem sie diese, jeden einzeln, mit Liebe in ihren Blick nehmen und sich von ihnen mit Liebe in den Blick nehmen lassen. Dann entsteht eine Bewegung, zuerst von den Ahnen zu ihren Nachkommen und dann von diesen zu ihren Ahnen.

Die Nachkommen warten mit Achtung und Demut auf die Bewegung der Ahnen. Damit wahren sie die Ordnung, dass die Ahnen vor ihnen waren und über ihnen stehen. Das setzt aber voraus, dass die Nachkommen die Unterscheidung zwischen Gut und Böse und von Tätern und Opfern hinter sich gelassen haben und die Schicksale ihrer Ahnen achten, wie sie waren. Seien sie die Schicksale von Opfern gewesen oder die Schicksale von Tätern oder von Opfern und Tätern zugleich. Das heißt, sie schauen über diese Unterscheidungen hinaus auf die eigentlichen Mächte, welche über unsere Schicksale verfügen und vor denen es keinen Unterschied macht, wer sie im Einzelnen waren und was ihr Schicksal war.

Der Wechsel

Dem steht entgegen, dass viele Nachkommen der Opfer und der Täter versuchen, in das ihnen entgegengesetzte Feld überzuwechseln. Zum Beispiel indem die Nachkommen der Opfer statt dass sie auf ihre Ahnen schauen und zuerst mit ihnen die Verbindung in Liebe und Achtung suchen, auf die Täter schauen und ihnen böse werden. Doch damit identifizieren sie sich eher mit den Tätern als mit ihren Ahnen. Sie werden aggressiv wie die Täter und übernehmen deren Energie. Dadurch sind sie aber doppelt abgeschnitten, vom Feld der Opfer und vom Feld der Täter.

Das Gleiche sehen wir bei vielen Nachkommen der Täter. Sie identifizieren sich mit den Opfern, doch ohne sie wirklich anzuschauen und mit Liebe und Achtung zu ehren. Stattdessen klagen sie die Täter an, ähnlich wie es viele Nachkommen der Opfer tun, und meinen, sie könnten damit ihrem eigenen Feld entkommen. Doch in ihrer Aggression werden sie den Tätern gleich, während sie gleichzeitig ihre Verbindung zu ihnen verleugnen. Auch sie sind doppelt abgeschnitten: von ihrem eigenen Feld, dem Feld der Täter, und vom Feld der Opfer, denn sie wollen die Opfer nicht wirklich bei sich haben.

Die Identifizierung

Bei beiden, den Nachkommen der Opfer und den Nachkommen der Täter gibt es aber auch die andere Bewegung. Viele Nachkommen der Opfer wollen ihnen gleich werden, indem sie selbst leiden oder sterben. Sie tun es jedoch, ohne die Opfer selbst mit Liebe und Achtung anzuschauen und deren Liebe für sie wahrzunehmen und sich für diese Liebe zu öffnen. Würde ihnen die Bewegung zu ihren toten Ahnen gelingen, wie ich sie oben beschrieben habe, könnten sie sich aus der Identifizierung mit deren traumatischem Schicksal lösen und die Bewegung beginnen, die das Trauma auflöst und überwindet. Denn die Identifizierung finden wir nur dort, wo jene, mit denen wir identifiziert sind, nicht als ein Gegenüber wahrgenommen und geachtet werden. Auch sie können daher weder ihre Ahnen in den Blick bekommen, noch deren Mörder. Auch sie sind doppelt abgeschnitten, von den Opfern und von den Tätern

Ähnliches sehen wir bei manchen Nachkommen der Täter. Sie identifizieren sich mit ihnen, werden zum Beispiel rechtsradikal, ohne sie wirklich zu sehen oder zu lieben. Statt dessen übernehmen sie deren Trauma und werden wie diese unbeweglich und starr. Auch sie sind dadurch doppelt abgeschnitten, sowohl von den Tätern als auch von den Opfern.

Das gemeinsame Schicksal

Bevor die Bewegung der Täter zu den Opfern und die Bewegung der Opfer zu den Tätern gelingen, muss ihnen die Versöhnung innerhalb ihres Feldes vorausgehen. Das heißt, innerhalb des Feldes der Opfer würde eine Absetzbewegung ihrer Nachkommen die Opfer von ihren Nachkommen genauso trennen, wie diese von den Tätern getrennt sind. Erst wenn die Versöhnung innerhalb des Feldes der Opfer gelingt, werden sie und ihre Nachkommen für den nächsten Schritt fähig und bereit, den Schritt hin zu den Mördern.

Das Gleiche gilt für das Feld der Täter und ihrer Nachkommen. Viele Nachkommen der Täter wollen sich von ihnen absetzen, indem sie diese verurteilen. Sie stellen sich eher auf die Seite der Opfer und verhalten sich, als gehörten sie eher zum Feld der Opfer als zu dem der Täter. Doch sie können im Feld der Opfer nicht zur Versöhnung beitragen, vor allem deshalb, weil sie mit ihren Anklagen die Opfer als solche aus den Augen verlieren. Sie haben Angst, sie wirklich anzuschauen, und scheuen sich, neben sie zu treten und mit ihnen und um sie zu trauern. Auch sie werden zur Versöhnung mit den Opfern erst fähig, wenn sie anerkennen, dass die Täter, von denen sie sich absetzen wollten, zu ihnen gehören und sie zu ihnen.

Wie gelingt das? Wenn die Nachkommen der Täter auf die Täter schauen als Menschen wie sie und sie lieben als Menschen wie sie. Wenn sie vor den Tätern und ihrem Schicksal klein werden, statt sich über sie zu erheben. Dann können sich die Täter aus ihrer Erstarrung lösen und wirklich auf das schauen, was sie anderen angetan haben. Sie können mit Entsetzen ihrer Schuld innewerden und um das Geschehene und um die Opfer trauern. Mit den Tätern können das dann auch ihre Nachkommen. So werden beide für den nächsten Schritt, hin zu den Opfern, fähig und bereit.

Die Versöhnung zwischen den Feldern

Sowohl beim einzelnen Opfer wie bei den einzelnen Täter besteht das Trauma einer unvollendeten Bewegung weiter. Es ist die Bewegung des Opfers zum Täter und, vor allem, zuerst die Bewegung des Mörders zu seinem Opfer. Solange diese Bewegung nicht gelingt, bleiben beide im traumatischen Ereignis gefangen. Es kann nicht vorbei sein, bis ihnen diese Bewegung gelingt. Das Gleiche gilt für ihre Nachkommen.

Wie kann diese Bewegung gelingen? Sie muss bei den Nachkommen beginnen und wirkt von ihnen auf die ursprünglichen Täter und Opfer zurück. Sie gelingt bei den Nachkommen der Täter und Opfer erst, wenn sie die Enge ihres Feldes verlassen können und sich über dieses Feld hinaus in ein höheres und weiteres Feld begeben. In diesem Feld hört, wie bereits beschrieben, die Unterscheidung zwischen Guten und Bösen auf und damit auch die Unterscheidung zwischen Tätern und Opfern und Freunden und Feinden. In diesem Feld sind alle nur Menschen und einander im Innersten gleich.

Die Schritte

Was sind nun die Schritte, welche die Begegnung zwischen Tätern und Opfern ermöglichen? Ich spreche hier zunächst nur von einzelnen Familien. Doch oft handelt es sich auch um ein ganzes Volk, zum Beispiel den Juden und den Deutschen, oder um andere Gruppen, zum Beispiel der katholische Kirche und den von ihr über die Jahrhunderte Verfolgten, zum Beispiel in den Kreuzzügen.

Erstens, die Nachkommen der Opfer schauen auf die ursprünglichen Opfer, bis sie diese sehen, bis sie aufeinander zugehen können und gemeinsam über das Geschehene trauern. Die Trauer verbindet sie. Sie bringt die Opfer in die Familie zurück und versöhnt die Nachkommen mit ihnen in Liebe. Denn oft schauen die Nachkommen der Opfer eher auf die Täter als auf die Opfer. In der Anklage gegen sie und im Hass auf sie, in der Verurteilung und im Abscheu gegen sie, brauchen sie nicht auf die Opfer zu schauen. Sie brauchen nicht anerkennen, dass das Feld der Opfer ihr ureigenes Feld ist, dem sie sich nicht entziehen können. Dadurch bleiben sie wie die Opfer in der traumatischen Starre. Die gemeinsame Trauer löst die Starre so weit, dass sie vielleicht auch den nächsten Schritt gehen können, hin zu den Tätern.

Der zweite Schritt, um die traumatische Starre zu lösen ist, dass die Nachkommen der Opfer, nun mit den ursprünglichen Opfern in Liebe verbunden, gleichsam in ihrem Namen auf den oder die ursprünglichen Täter schauen. Sie schauen ihnen in die Augen und sagen: „Du und ich, wir sind beide Menschen." Und sie sagen jedem von ihnen: „Ich liebe dich." Dadurch verlassen sie das Feld der Opfer und kommen in Berührung mit dem Feld der Täter. Durch die Liebe wird der Täter weich. Auch seine Erstarrung löst sich. Nun kann auch er sein Feld verlassen und in Berührung mit dem Feld der Opfer kommen. Nun kann auch er auf die Opfer schauen und ihnen sagen: „Du und ich, wir sind beide Menschen. Jetzt sehe ich dich, und ich sehe, was ich dir angetan habe." Er kann mit ihm gemeinsam über das Geschehene trauern. Die gemeinsame Trauer führt sie zusammen, bis am Ende beide einander sagen können. „Ich liebe dich."

Bei den Nachkommen der Täter ist etwas Ähnliches fällig. Erst wenn sie anerkennen, dass sie zum Feld der Täter gehören, können sie auf die Täter schauen ohne Überhebung. Sie können auf sie als Menschen schauen, Menschen wie sie. Sie können auf ihre Schuld schauen und das, was sie anderen angetan haben, ohne etwas zu entschuldigen oder zu rechtfertigen. Sie schauen auf sie mit ihrer Schuld und sagen ihnen: „Ich achte dich mit deiner Schuld und ich liebe dich mit deiner Schuld." Dann kann der Täter weich werden, kann auf seine Nachkommen zugehen. Er kann sie an sich ziehen und sie mit Liebe umarmen.

Erst dann können sie gemeinsam auch auf die Opfer schauen, mit Schmerz und Trauer. Sie warten, bis die Opfer auch auf sie blicken, ihnen entgegen gehen und sie mit ihnen gemeinsam über das Geschehe trauern. Diese Trauer löst bei beiden die Starre, bis sei einander anschauen mit Liebe. Erst dann kann das Vergangene vorbei sein.

Das Göttliche

Danach kommt für beide, Opfer und Täter der nächste Schritt. Sie schauen über die anderen hinaus, die Opfer über die Täter und die Täter über die Opfer. Sie blicken weit in die Ferne auf jene Macht, die alle Schicksale unabhängig von Verdienst oder Schuld und jenseits von gut und Böse bestimmt und von der auch die geistigen Felder abhängen, in denen die einen und die anderen gefangen waren. Sie schauen also von Nahen weg in die Weite, von der Unterscheidung von Guten und Bösen und Tätern und Opfern weg, hin auf jene Macht, die beides will und beides verbindet.

Sie verneigen sich tief vor dieser Macht, in der alle Felder letztlich zusammengehören und aufgehoben sind. Hier hören alle Unterschiede auf. Hier löst sich die Starre ihrer Traumen auf. Gemeinsam bewegen sie sich dorthin, wo diese Traumen endlich vorbei sein dürfen und für beide ein neuer Anfang möglich wird.

Der verborgene Gott

Man könne hier einwenden: Wo bleibt da der freie Wille und die persönliche Verantwortung? Wer diese Gedanken und Einwände hegt, bewegt sich auch in einen Feld, einem sehr engen.

Wir können diese Frage aber auch in einem anderen Feld stellen. Hier ist dieser Wille letzte Entsagung, letzte Freiheit und letzte Hingabe. Ich beschreibe ihn zum Schluss in einer Geschichte.

Einem Mann träumte in der Nacht, er habe die Stimme Gottes gehört, die ihm sagte: »Steh auf, nimm deinen Sohn, deinen einzigen geliebten, führe ihn auf den Berg, den ich dir zeigen werde, und bringe ihn mir dort zum Schlachtopfer dar!«
Am Morgen stand der Mann auf, schaute seinen Sohn an, seinen einzigen geliebten, schaute seine Frau an, die Mutter des Kindes, schaute seinen Gott an.
Er nahm das Kind, führte es auf den Berg, baute einen Altar, band ihm die Hände, zog das Messer und wollte es schlachten.

Doch dann hörte er noch eine andere Stimme, und er schlachtete statt seines Sohnes ein Schaf.

Wie schaut der Sohn den Vater an?
Wie der Vater den Sohn?
Wie die Frau den Mann?
Wie der Mann die Frau?
Wie schauen sie Gott an?
Und wie schaut Gott – wenn es ihn gibt – sie an?

Noch einem anderen Mann träumte in der Nacht, er habe die Stimme Gottes gehört, die ihm sagte: »Steh auf, nimm deinen Sohn, deinen einzigen geliebten, führe ihn auf den Berg, den ich dir zeigen werde, und bringe ihn mir dort zum Schlachtopfer dar!«

Am Morgen stand der Mann auf, schaute seinen Sohn an, seinen einzigen geliebten, schaute seine Frau an, die Mutter des Kindes, schaute seinen Gott an.

Er gab zur Antwort, ihm ins Angesicht: »Ich tue das nicht!«
Wie schaut der Sohn den Vater an?
Wie der Vater den Sohn?
Wie die Frau den Mann?
Wie der Mann die Frau?
Wie schauen sie Gott an?
Und wie schaut Gott – wenn es ihn gibt – sie an?

Die Toten

Sein und Nichtsein

Die Toten sind da. Wo sonst sollten sie sein? Kann das, was war, verschwinden oder sich auflösen? Wohin soll es denn gehen und in was soll es sich auflösen, außer um dort nur anders da zu sein? Denn wohin kann etwas, das war, gehen, außer in etwas, das da ist?

Wir können auch andersherum fragen. Kann etwas entstehen und ins Dasein treten, außer durch etwas, das vor ihm da war? Setzt das Schöpferische nicht etwas voraus, das bereits da ist?

Doch das ist Denken innerhalb der uns vorgegebenen Denkkategorien. Denn selbst das Nicht können wir uns nur als etwas Nicht-Seiendes vorstellen, als etwas jenseits des Seienden und damit schon wieder auf Seiendes bezogen.

Martin Heidegger versucht dieser Schwierigkeit zu entgegen, indem er neben dem Sein, das wir als ein bestimmtes und begrenztes Seiendes erfahren, vom Sein des Seienden spricht. Also von einem Sein, das allem Seienden als etwas Gemeinsames zu Grunde liegt. Als etwas, was im Seinden zwar aufscheint, aber zugleich verborgen bleibt.

Auch hier kann man die Frage stellen: Kann etwas Seiendes, sich aus dem Sein des Seienden zurückziehen, oder kann das Sein des Seienden ein Seiendes aus sich entlassen? Wohin soll es das Seiende entlassen, außer in ein anderes Seiendes?

Vom Denken her ist also die Vorstellung, als seien die Toten fort oder verschwunden, oder als sei mit ihrem Tod ihr Dasein zu Ende, nicht nachvollziehbar. Natürlich sagt das noch nichts über die letzte Wirklichkeit aus. Wir kommen hier nur mit unserem Denken an eine Grenze, über die wir nicht hinausdenken können. Dennoch, etwas zu behaupten, obwohl wir es nicht vernünftig denken können, zum Beispiel, dass die Toten weg sind, ist gedanken-los und verdient wenig Vertrauen.

In Resonanz mit den Toten

Bisher habe ich über die Toten und ihr Verbleiben nur mit Hilfe der Vernunft und innerhalb der Vernunft nachgedacht, um der Gefahr zu entgehen, Vorstellungen zu erliegen, die eher aus unseren Wünschen oder Ängsten kommen. Damit habe ich einen Rahmen gesetzt, innerhalb dessen wir das Dasein der Toten und die Erfahrungen, die wir mit ihnen haben, betrachten können.

Man kann über die Toten aber noch auf eine andere Weise nachdenken. Rupert Sheldrake geht der Beobachtung nach, dass die Seele – er nennt sie in diesem Zusammenhang im Englischen mind – in Raum und Zeit ausgedehnt ist. Denn nur weil wir uns in unserer Wahrnehmung in einem Feld bewegen, in dem wir über unsere engeren Grenzen hinaus mit unserer Umgebung verbunden sind, können wir andere und das andere erreichen. Dieses Feld reicht in die Vergangenheit zurück, sodass alles Gegenwärtige in Resonanz mit dem Vergangenen bleibt und mit ihm schwingt. Durch die Resonanz ist das Vergangene gegenwärtig und wirkt in die Gegenwart herein. Diese Wirkung kann sowohl lebensfreundlich als auch lebensfeindlich sein.

In diesem Sinne sind wir auch in Resonanz mit den Toten und ihnen auf gewisse Weise auch ausgeliefert, im Guten wie im Bösen.

Das wäre also der zweite Rahmen, innerhalb dessen wir gewisse Erfahrungen, die wir mit den Toten haben, betrachten und einordnen können.

Erfahrungen mit Toten

Was sind nun diese Erfahrungen im Einzelnen?

1. Wir erinnern sie. Vor allem jene, die uns nahe standen und die erst vor kurzem starben. Durch die Erinnerung bleiben wir ihnen verbunden.
2. Wir vermissen sie. Daher trauern wir um sie. Die Trauer ist ein Trennungsschmerz. Sie ermöglicht und erleichtert uns die Trennung.
3. Wir fühlen uns durch ihren Tod auch befreit, als hätten wir auf einmal mehr Raum. Sie haben für uns oder für etwas in uns Platz gemacht.
4. Manchmal bleiben wir noch an den Toten hängen. Einmal an jenen, denen wir böse sind, weil wir meinen, dass sie uns noch etwas schulden.

Wir bleiben auch an jenen hängen, denen wir etwas schulden. Wir können sie nicht loslassen, bevor wir anerkennen, dass wir ihnen Unrecht getan oder ihnen an Leib und Leben geschadet haben. Auch sie können, so scheint es, uns ebenfalls nicht loslassen.

Die Lösung

Die Frage ist nun: Was könnte uns und ihnen helfen, dass wir uns voneinander auf eine Weise lösen, die uns und ihnen Ruhe und Frieden bringen? Ich gebe hier einige Hinweise, wie die Erfahrungen mit dem Familien-Stellen und seiner Weiterentwicklung sie nahe legen. Gerade dort zeigt sich am eindrücklichsten die Wirkung des Feldes, von dem Rupert Sheldrake spricht. Denn die Stellvertreter beim Familien-Stellen können sowohl Lebende als auch Tote vertreten und fühlen über die Resonanz, was in den Toten vor sich geht, ähnlich wie bei den Lebenden. Dass es sich dabei nicht um Vorstellungen und Gefühle handelt, die innerhalb der Stellvertreters bleiben und nur persönlich sind, sieht man schon daran, dass die Stellvertreter oft nicht einmal wissen, ob sie einen Lebenden oder Toten vertreten. Erst an der Wirkung erkennen sie, ob sie in Resonanz mit einem Lebenden oder einem Toten sind.

Wenn wir Toten böse sind, weil wir von ihnen noch etwas erwarten, können wir ihnen sagen: „Danke. Danke für alles." Vor allem, wenn diese Toten unsere Eltern waren oder ein verstorbener Partner. Mit diesem Danken verbunden ist das Nehmen. Wenn wir ihnen danken, können wir alles nehmen, was sie uns geschenkt haben, selbst das, was für uns schwer und belastend war. Denn oft erweist sich später gerade das als eine Quelle besonderer Kraft. Indem wir das uns Geschenkte mit Dank nehmen, können wir es sowohl behalten als auch weitergeben. Danach können sich die Toten in Frieden zurückziehen, und wir können uns dem Leben zuwenden und dem, was es für uns bringt.

Wenn wir an Toten schuldig wurden, können wir uns von ihnen lösen, wenn wir ihnen sagen, dass es uns Leid tut und dass wir das Unrecht, das wir ihnen angetan haben, nach Kräften wiedergutmachen. Zum Beispiel an ihren Kindern. Oder, wenn dieses Unrecht nicht mehr gutzumachen ist, können wir ihnen sagen, dass wir zu den Folgen dieser Schuld stehen, selbst wenn dies bedeuten sollte, dass wir uns des Todes schuldig fühlen.

Allerdings, wer sich des Todes schuldig fühlt und sich entsprechend verhält, zum Beispiel indem er krank wird und wirklich sterben will, verliert er die Toten aus dem Blick. Wer für seine Schuld sühnen will, schaut mehr auf sich als auf jene, an denen er schuldig wurde. Er will die Schuld loswerden statt sich ihr zu stellen und sie zu tragen. Der versöhnende Umgang mit der Schuld ist daher nicht die Sühne, sondern die Tat. Das heißt, dass jemand mit der Kraft, die er durch die auf sich genommene Schuld gewonnen hat, etwas Gutes für andere tut, und zwar im Gedenken an die, an denen er schuldig wurde. Das hilft den Toten, das erlittene Leid in einem größeren Zusammenhang sehen, in dem ihr Leid und ihr Tod ihren Platz haben und etwas Heilsames bewirken.

Das weitere Feld

Dennoch, durch die Resonanz sind wir auch Einflüssen ausgesetzt, die uns belasten. Sie können uns an Leib und Leben schaden und oft sind wir ihnen mit unseren Mitteln hilflos ausgeliefert. Gib es vielleicht einen Weg, auf dem wir vielleicht einen Ort jenseits der Resonanz erreichen, der uns diesen Einflüssen entzieht und auf dem wir auch anderen helfen können, sich ihnen zu entziehen?

Wie alles, hat auch die Resonanz einen Anfang, einen schöpferischen Ursprung, an dem sie beginnt und von dem aus sie ihren Weg durch die Zeit nimmt. Vielleicht können wir in Resonanz mit dieser Urkraft kommen, uns auf sie zurückziehen, durch sie vielleicht sogar ein neues Feld beginnen, mit einer anderen, einer neuen Resonanz, durch die das andere Feld, das uns bisher beeinflusst hat, erweitert, vielleicht auch gereinigt und näher an seinen Anfang und seinen Ursprung zurückgebunden wird und das bisher Gehemmte auf harmonische und verbindende Weise zu schwingen beginnt?

Wie finden wir den Anschluss an die Urkraft? Wir finden ihn durch die Leere, die Zustimmung zu allem, was ist, auch durch die Zustimmung zu den geistigen Feldern, denen wir ausgesetzt sind. Denn in dieser Zustimmung stimmen wir auch der Urkraft zu, die in ihnen wirkt, und werden auf diese Weise auch mit ihr eins.

Freut euch des Todes

„Freut euch des Lebens", das geht uns leicht von den Lippen. Aber „Freut euch des Todes", das lässt uns zuerst innehalten. Doch zum erfüllten Leben gehört auch der Tod. Vielleicht können wir ihm anders begegnen, wenn wir ihn in die Freude am Leben mit einbeziehen. Dann leben wir leichter, unbeschwerter und nehmen die Mühen und Sorgen weniger wichtig. Wir übergehen sie vielleicht, weil sie im Blick auf den Tod an Gewicht verlieren.

Doch die Freude auf den Tod ist still. Sie ist gesammelt und hat Kraft. Und sie ist leichtfüßig, als ob uns die Erde leichter trägt. Denn die Erde lebt vom Tod. Nur durch den Tod bleibt sie in Bewegung und kann sich erneuern.

In der Freude auf den Tod bewegen wir uns weg vom Selbst und seinem Sog. Die Mitte unseres Lebens und die Mitte unserer Liebe verschieben sich auf eine andere, eine mächtigere Mitte. Dann kreisen wir statt um uns selbst um etwas, vor dem die Grenzen zwischen Tod und Leben verschwimmen, vor dem wir nur wichtig sind in einem Bezug, vor dem das Selbst und das, was es will, vergehen.

Merkwürdigerweise gewinnt dadurch unser Leben an Tiefe. Doch keine eigene Tiefe, denn auch diese ist auf die andere, größere Mitte verschoben. Dann pulsiert unser Leben im Einklang mit dem Rhythmus der Erde als Ganzes. Es pulsiert mit der schöpferischen Kraft hinter aller Bewegung und ist mit allem anderen nur da. Da – auch mit dem Tod.

DAS ENDE DER HOFFNUNG

Anders als die Absichtslosigkeit, die von sich aus nichts mehr Eigenes will, aber dennoch offen ist für etwas, das sich zeigt, ist die Hoffnungslosigkeit ein letzter Verzicht selbst auf das, was sich als Einsicht oder Halt oder Führung aus der Absichtslosigkeit nach einer Weile offenbart und das uns für etwas an die Hand nimmt und auf etwas hinbewegt.

Wer ohne Hoffnung ist im Sinne von „auch das Letzte völlig zu lassen" der ist rein geworden, ist in die tiefste Tiefe hinabgestiegen, ist nur noch da und gerade dadurch vollendet. Was „ohne Hoffnung sein" dem Einzelnen zumutet und wohin es ihn bringt oder wo es ihn lässt, erahnen wir beim letzten Schrei Jesu am Kreuz: „Mein Gott, mein Gott, warum hast du mich verlassen?" Dass dieser Schrei kein Gebet sein kann, wie das manche im Hinblick auf Psalm 21 deuten, der mit diesen Worten beginnt, wird uns nahe gelegt durch den Bericht des Evangelisten Matthäus, der fortfährt: „ Aber Jesus schrie abermal laut und verschied."

War Jesus jemals größer als hier? War er jemals mehr Mensch als hier? War Gott je größer als hier? War, was Jesus über Gott verkünden wollte, je reiner, tiefer hingegebener, uns bis in die letzte Faser von Leib und Seele und Geist erschütternder und wahrhaftiger als hier?

Hier erreicht unser Geist die letzte Reinheit und die tiefste Stille, geht über in das Nicht, das selbst des Seins entledigt ist, geht über in das bleibende Vergessen.

Hier hört auch die Erkenntnis auf und der Erkenntnisweg. Wozu sollen sie noch dienen und wohin sollen sie noch führen? Doch ist auch das eine Erkenntnis. Allerdings keine, die wir fassen können. Aber wir fühlen wie sie aufhört und am Ende schweigt. Ohne sie sind wir zutiefst ergriffen.

Das Ende der Hoffnung ist auch das Ende der Liebe. Denn Liebe ist in Bewegung. Am Ende geht auch die Liebe – wie die Hoffnung und der Glaube – über in das reine Nicht.

Denken im Angesicht des Nicht

Das Nicht und das Sein

Das Nicht ist jenseits des Seienden und jenseits unserer Erkenntnis und jenseits unserer Liebe oder Hoffnung. Dennoch übt es Macht auf unser Denken aus, als wäre es ein Seiendes. Doch es ist die Macht der Leere, die alles an sich zieht, bis es in ihr, des eigenen Seins entäußert, sich im Nicht-mehr-Sein vollendet, ohne Bewegung und unendlich still.

Denken im Angesichts des Nicht ist ein anderes Denken als das Denken im Einklang mit dem Sein, das auf das Seiende und sich Bewegende gerichtet ist. Es nimmt auf gewisse Weise im Sein das Nicht vorweg, denkt das Sein vom Nicht her, handelt auch innerhalb des Seienden als sei es schon vom Nicht erfasst und sozusagen nicht mehr völlig da. Daher verliert auch das vermeintlich schon Erkannte viel von seiner Macht und seiner Sicherheit. Es wird unendlich vorläufig. Es hält uns nur für eine Zeit, deren Ende bereits abzusehen ist. Wir lassen die Erkenntnis bereits im Augenblick der Einsicht frei. Dennoch können wir aus solcher Einsicht kraftvoll handeln, jedoch ohne uns in solchem Handeln zu verlieren.

Denn auch im Angesicht des Nicht bleibt das Seiende bedeutsam.

Das Nicht steht dem Seienden keineswegs entgegen. Es ist nur sein Ende und sein Ziel. Doch handeln wir im Angesicht des Nicht gelassener, freier, dem Nahen auf gewisse Weise schon entrückt und für das Nicht schon jetzt bereit.

Die Liebe

Wie steht es mit der Liebe im Angesicht des Nicht? Sie ist noch da, und auch die Liebenden sind noch da. Aber gelassener, nachsichtiger, weiter, reiner, auch gesammelter, gemeinsam dem Jetzt sowohl zugewandt als auch für das Nächste schon bereit. Vom Nicht umgeben und auf es ausgerichtet, bleibt die Liebe bis zum Ende da. Sie kann auch bleiben, weil sie, vom Nicht her angezogen, schon jetzt zeitlos wird.

Die Weisheit

Wie steht es mit der Weisheit. Die Weisheit ist auf Handeln ausgerichtet. Sie ist angewandte Wesenserkenntnis. Sie ist Erkenntnis, die sich im Handeln bewährt hat. Daher ist sie ganz auf das Seiende ausgerichtet und auf das Seiende bezogen. Sie bezieht zwar das Ende des einzelnen Seienden mit ein, aber nicht das Nicht. Sie verstummt im Angesicht des Nicht und kommt vor ihm an ihr Ende.

Das reine Denken und Handeln

Denken im Angesicht des Nicht heißt daher letztlich, dass es vor ihm aufhört. Erst vor dem Nicht wird es rein. Auch Handeln im Angesicht des Nicht heißt letztlich, dass es vor ihm aufhört. Erst vor dem Nicht wird auch das Handeln rein.

Und die Liebe? Sie hört erst mit den Liebenden auf.

Die Zwischenzeit

Die Liebe

Die Zeit zwischen dem Jetzt und dem Nicht ist das Dasein. Sie ist unsere Zeit, denn das Nicht hat keine Zeit. Daher sind wir nur jetzt da, haben nur jetzt unsere Zeit, müssen in ihr denken und handeln und in ihr lieben. Denn unsere Zeit wird erfüllt und wird immer voller und reicher, je mehr wir von dem, was mit uns und neben uns da ist, in unser Dasein hereinnehmen. Das aber wird möglich durch die Liebe.

Was heißt hier Liebe? Es heißt als Erstes, dass ich dem anderen, das mit mir da ist, das gleiche Recht zubillige, auch da zu sein, und zwar auf die Weise, die ihm gemäß ist. Dadurch kann ich mit ihm auch in einen fruchtbaren Austausch treten. Wir geben uns, was dem anderen fehlt, und werden dadurch reicher. Dabei geben wir einander, ohne dem anderen etwas zu nehmen. Denn es ist ein Geben mit gegenseitiger Anerkennung und Achtung. In diesem gegenseitigen Geben und Nehmen tritt keiner dem anderen zu nahe. Das andere darf in diesem Austausch so sein und bleiben, wie es ist. Das aber ist Liebe.

Allerdings verändern wir uns in diesem Austausch auch. Wir wachsen durch ihn und werden immer inniger aufeinander bezogen. Doch ohne den anderen in Frage zu stellen und ihm das Eigene abzusprechen.

Der Kampf ums Dasein

Das ist natürlich nur die eine Seite. Denn andererseits ringen wir mit dem anderen auch um unseren Lebensraum, müssen uns gegen es durchsetzen, müssen es manchmal auch töten und verzehren, damit wir selbst am Leben bleiben. Und wir müssen uns dagegen wehren, dass anderes uns ans Leben geht, sich an unserem Leben nährt, uns für sein Leben umbringt oder unsere Lebensmöglichkeiten mindert und begrenzt.

Zum Dasein gehört daher auch der Kampf ums Dasein und letztlich das Dasein auf Kosten anderen Daseins. Unser Leben entsteht daher nicht nur, entfaltet sich und wächst, es verkümmert auch, wird weniger, geht unter und stirbt.

Das Nicht-Sein

Hier machen wir also bereits die Erfahrung, was Nicht-Sein bedeutet, allerdings noch nicht im endgültigen Sinn. Denn mit dem Untergang und Tod ist zwar das Leben vorbei, nicht aber das Sein. Selbst beim Leben wissen wir nicht, ob es und wie weit es doch noch bleibt, wenn auch auf andere Weise. Es bleibt in den Nachkommen und in der Frucht und in der Wirkung, die es nach unserem Tod und durch unseren Tod auf andere hat. Zum Beispiel indem es anderes Leben nährt, und zwar nicht nur stofflich, sondern auch geistig. Wir erleben auch, dass unsere Toten mit uns noch auf vielerlei Weise in Verbindung bleiben, zum Beispiel indem sie von uns noch etwas wollen und auch wir vielleicht von ihnen.

Die andere Liebe

Was bedeutet hier dann Liebe? Dass wir auch dieser Bedingung des Daseins zustimmen, und zwar auf doppelte Weise. Indem wir selbst uns gegen anderes Dasein durchsetzen, solange wir dazu in der Lage sind. Aber auch indem wir uns der anderen Bedingung des Daseins fügen, dem eigenen Verlust und Untergang.

Diese Liebe ist nur möglich, wenn wir über das einzelne Dasein hinausschauen, sowohl das eigene wie das andere, und wenn wir beidem gleichermaßen zustimmen: dem Wachstum und dem Welken, dem Leben und dem Tod. Das heißt, sowohl dem eigenen Wachstum und Welken, dem eigenen Leben und Tod, als auch dem Wachstum und Welken des anderen Daseins und seinem Leben und Tod. Dann bleiben wir auch hier in der Liebe, was immer mit uns und mit dem anderen auch geschieht.

Können wir das wirklich? Wir können es, wenn wir auch über das Dasein als Ganzes hinausblicken auf sein Nicht-Sein. Auf das Nicht-Sein vorher, und auf das Nicht-Sein danach. Dann ist die Zwischenzeit wirklich Zwischenzeit. Sie hält uns nicht und ist dennoch erfüllt.

Wie ist es dann mit der Liebe? Auch sie hält uns nicht und ist dennoch erfüllt, voll Dasein.

DAS REINE HERZ

Wie wird unser Herz rein? Indem wir jeden Menschen, dem wir begegnet sind, vor allem jene, die uns nahe stehen, aus ihm entlassen. Wir entlassen jeden zu jemandem anders: zu seinen Eltern, zu seinem Partner, zu seinen Kindern, zu seinem Schicksal.

Wie wirkt sich das aus? Er wird von uns frei. Frei von unseren Wünschen und Erwartungen, frei von unseren Sorgen, frei von unseren Gedanken, von unserem Urteil und unserem Schicksal.

Auch wir selbst werden von ihm frei. Frei von seinen Wünschen und Erwartungen, frei von seinen Sorgen, frei von seinen Gedanken, von seinem Urteil und seinem Schicksal. Wir werden auch frei von seiner Schuld, von dem, was er uns vielleicht angetan hat.

Umgekehrt wird auch er frei von unserer Schuld und dem, was wir ihm vielleicht zugefügt und angetan haben. Und wir werden frei von unseren Ansprüchen aneinander, er von meinen und ich von seinen.

Sind wir dann gefühllos? Sind wir dann auch ohne Liebe? Im Gegenteil. Das reine Herz fühlt rein, das reine Herz liebt rein.

Rein heißt hier, im Einklang mit unserem letzten Ursprung sein, seinem und meinem. Rein sein wie die Liebe des Ursprungs, wenn wir hier überhaupt von Liebe sprechen dürfen. Diese Liebe ist das Wollen des anderen, wie er ist, die Liebe zu seinem Anfang und auch zu seinem Ende.

Das ist die reine Liebe und auch die reine Freude. Sie verbindet, ohne zu verbinden, und trennt, ohne zu trennen. Sie ist einfach da.

Das reine Herz weiß aber auch um seine Abhängigkeit von anderen und stimmt ihr zu. Es weiß auch um die Abhängigkeit anderer von ihm und stimmt ihr zu. Auch darin ist das Herz rein.

NACHWORT

Hier kommt mein Denken an seine Grenzen. Einigen mag dieses Denken als zu weit gegangen erscheinen, vor allem dort, wo es auch das Nicht mitzudenken wagt. Doch ist auch das angewandte Philosophie, Philosophie, die anderes Handeln möglich macht: menschliches Handeln, gelassenes Handeln, nüchternes Handeln. Vor allem ein Handeln, das dem Eifer, der zu Konflikten führt, die Leben vernichten, statt ihm zu dienen, die Grundlage entzieht.

Lassen sich diese Gedanken beweisen? Beweisen heißt, dass ich sie an etwas anderem messe, vor dem sie sich zu rechtfertigen haben. Hier messen sie sich am Ergebnis. Da sie dem Handeln dienen, müssen sie sich an dem messen, inwieweit sie sich für das Leben als hilfreich erweisen.

Selbstverständlich bleiben diese Gedanken wie alles Lebendige unvollständig und im Fluss. Wie alles Gedachte können sie das Wirkliche nicht wirklich erfassen, denn das Wesentliche entzieht sich den schlüssigen Begriffen. Wer hat den schon logisch schlüssig die Liebe erfasst? Oder das Wunder der Geburt? Oder die Schritte auf dem Weg zur wesentlichen Einsicht? Ganz zu schweigen von dem, was Da-Sein oder Nicht-Sein bedeuten?

Also bleibt auch hier die Wahrheit in Bewegung.

Leitfaden durch die Veröffentlichungen von Bert Hellinger

BÜCHER

Einführung und Schulung

Ordnungen der Liebe
Ein Kursbuch.
516 Seiten, 174 Abb. 7. korr. Aufl. 2001.
Carl-Auer-Systeme Verlag.

Der Austausch
Fortbildung für Familien-Steller,
227 Seiten. 141 Abb. 2002
Carl-Auer-Systeme Verlag.

Ordnungen des Helfens
Ein Schulungsbuch.
220 Seiten. 2. Auflage 2006
Carl-Auer-Systeme Verlag.

Zweierlei Glück
Die systemische Psychotherapie Bert Hellingers.
Hrsg. Gunthard Weber.
338 Seiten, 15 Abb. 14. Auflage 2001.
Carl-Auer-Systeme Verlag
Dieses Buch ist auch als Taschenbuch
beim Goldmann Verlag (Arkana) erhältlich.

Paarbeziehungen

Wie Liebe gelingt
Die Paartherapie von Bert Hellinger.
Hrsg. Johannes Neuhauser.
348 Seiten, 123 Abb.
3. korrigierte Auflage 2002.
Carl-Auer-Systeme Verlag.

Wir gehen nach vorne
Ein Kurs für Paare in Krisen.
273 Seiten, 200 Abb.
2. korrigierte Auflage 2002.
Carl-Auer-Systeme Verlag

Liebe auf den zweiten Blick
Lösungen für Paare.
239 Seiten, 179 Abb. 2002.
Herder Verlag

Liebe und Schicksal
Was Paare aneinander wachsen lässt.
249 Seiten, 165 Abb. 2. Auflage 2003.
Kösel Verlag

Eltern und Kinder

Kindliche Not und kindliche Liebe
Familien-Stellen und systemische Lösungen in Schule und Familie..
Hrsg. Sylvia Gomez Pedra.
208 Seiten, 119 Abb. 2. korr. u. überarb. Auflage 2002. Carl-Auer-Systeme Verlag.

Wenn ihr wüsstet, wie ich euch liebe
Wie schwierigen Kindern durch Familien-Stellen u. Festhalten geholfen werden kann..
Mit Jirina Prekop.
280 Seiten, 104 Abb. 3. Auflage 2003.
Kösel Verlag.
Dieses Buch ist auch als Taschenbuch erschienen bei Knaur (Mens Sana)
SBN 3-426-87250-1

Haltet mich, dass ich am Leben bleibe
Lösungen für Adoptierte.
216 Seiten, 163 Abb. 2. Auflage 2001.
Carl-Auer-Systeme Verlag.

In der Seele an die Liebe rühren
Familien-Stellen mit Eltern und Pflegeeltern von behinderten Kindern
120 Seiten, 80 Abb. 1998.
Carl-Auer-Systeme Verlag. /Vergriffen)

Was in Familien krank macht und heilt

Familien-Stellen mit Kranken
Dokumentation eines Kurses für Kranke, begleitende Psychotherapeuten und Ärzte
3. Auflage 1998. 352 Seiten. (Vergriffen)

Was in Familien krank macht und heilt
Ein Kurs für Betroffene..
288 Seiten, 197 Abb. 2. Auflage 2001.
Carl-Auer-Systeme Verlag.

Wo Schicksal wirkt und Demut heilt
Ein Kurs für Kranke.
320 Seiten, 165 Abb. 2. Auflage 2001.
Carl-Auer-Systeme Verlag.

Schicksalsbindungen bei Krebs
Ein Kurs für Betroffene, ihre Angehörigen und Therapeuten.
200 Seiten, 116 Abb. 3. Auflage 2001.
Carl-Auer-Systeme Verlag.

Die größere Kraft
Bewegungen der Seele bei Krebs. Hrsg. Michaela Kaden.
193 Seiten, 111 Abb. 2001.
Carl-Auer-Systeme Verlag. (vergriffen)

Liebe am Abgrund
Ein Kurs für Psychose-Patienten
230 Seiten, 187 Abb. 2001.
Carl-Auer-Systeme Verlag

Das andere Sagen
Ein Kurs für Sprechgestörte und ihre Helfer
160 Seiten. 120 Abb. 2003.
Carl-Auer-Systeme Verlag.

Wo Ohnmacht Frieden stiftet
Familien-Stellen mit Opfern von Trauma, Schicksal und Schuld.
255 Seiten, 186 Abb. 2000.
Carl-Auer-Systeme Verlag.

Frieden und Versöhnung

Der Friede beginnt in den Seelen
Das Familien-Stellen im Dienst der Versöhnung.
223 Seiten, 150 Abb.
Carl-Auer-Systeme Verlag.

Der Abschied
Nachkommen von Tätern und Opfern stellen ihre Familie.
370 Seiten, 260 Abb. 2. überarbeitete und erweiterte Auflage 2001.
Carl-Auer-Systeme Verlag.

Rachel weint um ihre Kinder
Familien-Stellen in Israel. Herder Verlag.

Der große Konflikt
Die Antwort
255 Seiten, Goldmann Verlag

Vorgehensweisen

Finden, was wirkt
Therapeutische Briefe.
232 Seiten. 11. Auflage 2003,
Kösel Verlag.

Verdichtetes
Sinnsprüche – Kleine Geschichten – Sätze der Kraft.
5. Auflage 2000. 109 Seiten,
Carl-Auer-Systeme Verlag.

Mitte und Maß
Kurztherapien.
262 Seiten, 147 Abb. 2. Auflage 2001.
Carl-Auer-Systeme Verlag.

Die Quelle braucht nicht nach dem Weg zu fragen
Ein Nachlesebuch.
2. Auflage 2002 388 Seiten,
Carl-Auer-Systeme Verlag.

Liebes-Geschichten
Zwischen Mann und Frau, Eltern und Kindern, uns und der Welt
256 Seiten, 2006 Kösel Verlag

Die Liebe des Geistes
Was zu ihr führt und wie sie gelingt
236 Seiten. Hellinger Publications

Alles ist weit
Wegweiser
123 Seiten. Hellinger Publications

Dialoge

Anerkennen, was ist
Gespräche über Verstrickung und Lösung.
Mit Gabriele ten Hövel.
13. Auflage 2002. 220 Seiten,
Kösel Verlag.

Mit der Seele gehen
Gespräche mit Bert Hellinger
Mit Bertold Ulsamer und Harald Hohnen.
187 Seiten, 2001. Herder Verlag.
(vergriffen)

Ein langer Weg
Gespräche über Schicksal, Versöhnung und Glück.
Mit Gabriele en Hövel.
240 Seiten, 2005. Kösel Verlag.

Einsichten und Gedanken

Die Mitte fühlt sich leicht an
Vorträge und Geschichten.
264 Seiten. 9. erw. Auflage 2003 Kösel Verlag.

Religion – Psychotherapie – Seelsorge
Gesammelte Texte.
2. Auflage 2002. 232 Seiten. Kösel Verlag.

Entlassen werden wir vollendet
Späte Texte.
2. Auflage 2002. 220 Seiten. Kösel Verlag.
(Vergriffen)

Gedanken unterwegs
236 Seiten, 2. Auflage Kösel Verlag.

Gottesgedanken
Ihre Wurzeln und ihre Wirkung.
240 Seiten. 1. Auflage 2004 Kösel Verlag

Dankbar und gelassen
Im Einklang mit dem Leben
157 Seiten, 2005. Herder Verlag

Erfülltes Dasein
Wege zur Mitte
159 Seiten. 2006 Herder Verlag

Innenreisen
Erfahrungen, Betrachtungen, Beispiele
200 Seiten, 2007 Kösel Verlag

Natürliche Mystik
Wege spiritueller Erfahrung
198 Seiten. Kreuz Verlag

Glück, das bleibt
Wie Beziehungen gelingen
132 Seiten Kreuz Verlag

Gedanken, die gelingen
163 Seiten. Hellinger Publications

Adressen

Online Shop
www.Hellinger-Shop.com

Homepage / Email
www.Hellinger.com
info@hellingerschule.com

140